Wolfgang Huber

Im Geist der Freiheit

HERDER spektrum

Band 5867

Das Buch

Das Christentum und die Kirchen erfahren zu Beginn des 21. Jahrhunderts neue Aufmerksamkeit; sie sind vor neue Fragen gestellt. Die Kirchen sind zur Antwort herausgefordert. Dabei müssen sie auch sagen, welche Gestalt ihre ökumenische Gemeinschaft annehmen soll – in Deutschland, in Europa und weltweit. Das Verhältnis der christlichen Konfessionen zueinander wandelt sich. Eine „Ökumene der Profile" zeichnet sich ab. Umso wichtiger ist es, die Gemeinsamkeiten zu stärken und mit bleibenden Unterschieden in wechselseitigem Respekt umzugehen. – Der Ratsvorsitzende der Evangelischen Kirche in Deutschland klärt Positionen und bezieht Stellung: Zur Frage nach der Wiederkehr der Religion, zum Verhältnis von Glaube und Vernunft, zur Bedeutung ethischer Urteilsfindung, zum Verständnis von Kirche und Amt. Eine Standortbestimmung.

Der Autor

Wolfgang Huber, Dr. theol., geb. 1942, 1980–1994 Theologieprofessor in Marburg (Sozialethik), und Heidelberg (Systematische Theologie); 1983–85 Präsident des Deutschen Evangelischen Kirchentages. Bischof der Evangelischen Kirche Berlin – Brandenburg – Schlesische Oberlausitz. Seit 2003 Vorsitzender des Rats der Evangelischen Kirche in Deutschland. Wolfgang Huber ist verheiratet und Vater von drei Kindern. Zahlreiche Veröffentlichungen. Bei Herder spektrum: Vertrauen erneuern. Eine Reform um der Menschen willen.

Wolfgang Huber

Im Geist der Freiheit

Für eine Ökumene der Profile

HERDER

FREIBURG · BASEL · WIEN

Gedruckt auf umweltfreundlichem,
chlorfrei gebleichtem Papier

Originalausgabe

Alle Rechte vorbehalten – Printed in Germany
© Verlag Herder Freiburg im Breisgau 2007
www.herder.de
Satz: Barbara Herrmann, Freiburg
Druck und Bindung: fgb · freiburger graphische betriebe
www.fgb.de
Umschlaggestaltung und Konzeption:
R·M·E München / Roland Eschlbeck, Liana Tuchel
Umschlagbild: © Dominik Butzmann
ISBN 978-3-451-05867-7

Inhalt

Einleitung

Der Herr ist der Geist; wo aber der Geist des Herrn ist, da ist Freiheit.
(2. Korinther 3, 17)

Am 1. Juni 2003 versammelte sich eine unübersehbare Menschenmenge vor dem Reichstagsgebäude in Berlin. Der Abschlussgottesdienst des Ersten Ökumenischen Kirchentags wurde gefeiert. Die bisher größte ökumenische Versammlung dieser Art – nicht nur in Deutschland, sondern weltweit – kam an ihr Ende. Zweihunderttausend Menschen hatten daran teilgenommen, zu Beginn und am Ende waren es weit mehr als doppelt so viele. Die Hoffnung, die sich gerade in Deutschland auf das gemeinsame Zeugnis der Kirchen und der Christen richtet, hatte Gestalt angenommen, eine unvergessliche Gestalt. Das Abendmahl Jesu Christi konnte noch nicht gemeinsam gefeiert werden; aber mit einem starken Symbol erinnerte sich die große Gemeinde an die eine Taufe, in der die Christenheit schon jetzt miteinander verbunden ist. Wasserschalen wurden durch die Reihen gereicht; die Versammelten gaben einander mit dem Wasser ein Segenszeichen – mit dem Wasser, das zugleich Quelle des Lebens und als Taufwasser Zeichen des neuen Lebens ist.

Für den 12. bis 16. Mai 2010 wird der Zweite Ökumenische Kirchentag geplant; er soll in München stattfinden. Welche Gestalt wird die Gemeinschaft der Christen in Deutschland, in Europa und weltweit dann haben? Sieben Jahre sind dann seit dem Ersten Ökumenischen Kirchentag vergangen; während ich dies schreibe, befinden wir uns gerade in der Mitte dieser Sieben-Jahres-Periode. Sieben Jahre sind ein guter Abstand. Biblisch betrachtet ist die Siebenzahl von herausragender Bedeutung. Der siebte Tag der Woche ist der Sabbat, der Tag der Ruhe, des dankbaren Blicks auf Gottes Gaben (2. Mose 20, 8–11). Ja, es ist der Tag, an dem Gott selbst von seinem Schöpferwerk ruhte; „und Gott segnete den siebenten Tag und heiligte ihn, weil er an ihm ruhte von allen seinen Werken, die Gott geschaffen und gemacht hatte" (1. Mose 2, 3). Das siebte Jahr ist das Sabbatjahr, das Jahr des Innehaltens und der Erholung für Gottes Schöpfung (3. Mose 25, 1 ff.). Auf sieben mal sieben Jahre folgt das Erlassjahr, der Inbegriff der Freiheit, die Gott schenkt; sie soll Ausdruck finden in der Freiheit, die Menschen einander gewähren, die Freiheit von Schuldknechtschaft eingeschlossen (3. Mose 25, 8 ff.). Der Abstand von sieben Jahren zwischen dem Ersten und dem Zweiten Ökumenischen Kirchentag weist durch die Siebenzahl schon hin auf den biblischen Geist der Freiheit, der unser ökumenisches Nachdenken bestimmen soll.

Wer vom geplanten Zweiten Ökumenischen Kirchentag sieben weitere Jahre in die Zukunft denkt, gelangt zu dem Erinnerungsdatum für den Beginn der reformatorischen Bewegung; die Veröffentlichung von Martin Luthers 95 Thesen am 31. Oktober 1517 gilt dafür als entscheidendes Datum. Auf das fünfhundertjährige Jubiläum der Reformation zuzugehen, heißt, nach der Bedeutung der Reformation für die Zukunft zu fragen. Das ist eine ökumenische Frage; und die Antwort muss eine ökumenische sein. Dass das Evangelium der Freiheit durch die Reformation neu zum Leuchten kam, ist der entscheidende Sinn dieses Geschehens. Die Reformation hatte von ihrem Ansatz her einen ökumenischen Sinn; sie zielte auf die Erneuerung der einen, heiligen, allgemeinen und apostolischen Kirche. Was das für das 21. Jahrhundert bedeutet, ist die Frage, der sich insbesondere die evangelische Kirche stellen muss.

2003–2010–2017: diese drei Daten stelle ich an den Anfang, um deutlich zu machen, wie dringlich die ökumenische Frage ist. Nun gibt es jedoch viele, die der Ökumene müde geworden sind. Sie hofften auf schnelle Fortschritte in der sichtbaren und erlebbaren Einheit der Kirchen; in dieser Hoffnung sehen sie sich enttäuscht. Ernüchterungen sind unübersehbar. Dass die gottesdienstliche Gemeinschaft der Kirchen nicht in überzeugender Weise gelingt, steht im Zentrum der Enttäuschungen.

Doch zum Teil haben diese ökumenischen Frustrationen auch mit problematischen Einschätzungen zu tun. Entscheidend ist dabei die Vorstellung, dass ein ökumenischer Fortschritt nur dann zu verzeichnen sei, wenn die Unterschiede zwischen den Kirchen an Bedeutung verlieren. Jeder Vorgang dagegen, der diese Unterschiede mit neuem Gewicht versieht, muss aus einer solchen Perspektive als ökumenischer Rückschritt erscheinen. So betrachtet, mag man in der feierlichen Bestätigung der Gemeinsamen Erklärung zur Rechtfertigungslehre am Reformationstag 1999 einen Fortschritt der Ökumene und in der erneuten römischen Erklärung von 2000, dass die evangelischen Kirchen nicht „Kirchen im eigentlichen Sinn" seien, einen Rückschritt der Ökumene sehen. Man kann dann aber auch in der kräftigen Art und Weise, in der sich die römisch-katholische Kirche im Jahr 2005 als Papstkirche präsentierte, ebenso einen ökumenischen Rückschritt sehen wie darin, dass evangelische Kirchen in Deutschland im Jahr 2006 erneut bekräftigt haben, dass sie in der Ordination zum geistlichen Amt keineswegs ein Weihesakrament, sondern einen besonderen Auftrag sehen, der nicht aus dem Zusammenhang mit der gemeinsamen Verantwortung aller Getauften gelöst werden kann.

Doch ist diese Betrachtungsweise richtig? Ist jeder Schritt, in dem eine christliche Kirche das Besondere ihres Profils zum Leuchten bringt, ein ökumenischer Rückschritt? Ökumenisch können die Kirchen doch nur voneinander lernen, wenn sie sich – auch – in ihrer Unterschiedlichkeit wahrnehmen und wertschätzen. Unterschiede ökumenisch nur negativ zu bewerten, scheint mir nicht möglich zu sein. Sie sind allerdings ökumenisch auch nicht unterschiedslos als positiv einzustufen. Es muss vielmehr nach den Gründen für diese Unterschiede und nach dem Sinn unterschiedlicher Profile gefragt werden. Ich spreche mich keineswegs dafür aus, dass wir eine „Konsensökumene" nun in eine „Differenzökumene" übergehen lassen. Sehr wohl aber trete ich dafür ein, dass wir dem ökumenischen Sinn unterschiedlicher konfessioneller Profile neue Aufmerksamkeit zuwenden.

Dabei müssen die großen Konfessionsfamilien der Christenheit insgesamt im Blick sein: die orthodoxen Kirchen ebenso wie die römisch-katholische Kirche, die evangelischen Freikirchen ebenso wie der landeskirchlich verfasste Protestantismus, die Pfingstkirchen ebenso wie die evangelikalen und charismatischen Bewegungen. In Deutschland kommt natürlich dem Verhältnis zwischen der römisch-katholischen Kirche und den evangelischen Landeskirchen besondere Bedeutung zu. Aber auch hier gewinnen die orthodoxen Kirchen genauso an Bedeutung, wie die Rolle der evangelischen Freikirchen zu würdigen ist. Vergleichbares gilt erst recht für Europa; dessen christliche Prägung ist überhaupt nur zu verstehen, wenn das Miteinander von orthodoxen, römisch-katholischen und evangelischen Einflüssen gewürdigt wird.

Aber die besondere Bedeutung der römisch-katholischen Kirche für die Zukunft der Ökumene ist nicht zu leugnen. Weltweit gehört ihr die Mehrheit der Christen an; von insgesamt etwa zwei Milliarden Christen auf der Erde sind über eine Milliarde Mitglieder der römisch-katholischen Kirche. Ebenso ausgeprägt ist die Rolle der römisch-katholischen Kirche in Europa. In Deutschland sind evangelische und katholische Kirche ungefähr gleich stark vertreten; im Ursprungsland der Reformation spüren wir auch eine besondere Verantwortung dafür, mit dem ökumenisch Erreichten sorgsam umzugehen und weitere ökumenische Schritte, wo immer sie gut begründbar und faktisch möglich sind, in Gang zu bringen.

Eine besondere Gelegenheit, sich solcher Zusammenhänge zu vergewissern, bot der Besuch des erst kurz zuvor gewählten Papstes Benedikt XVI. aus Anlass des Weltjugendtages in Köln. Bei dieser Gelegenheit habe ich zum ersten Mal öffentlich von einer „Ökumene der Profile" gesprochen. Seitdem ist dieser Ausdruck häufig aufgegriffen und zustimmend oder kritisch verwendet worden. Deshalb zitiere ich an dieser Stelle die Ansprache, die ich am 19. August 2005 bei der Begegnung mit Papst Benedikt XVI. gehalten habe, im Wortlaut.

Eure Heiligkeit,

mit den römisch-katholischen Christen in Deutschland freuen wir uns darüber, dass Ihre erste große Auslandsreise dem Weltjugendtag gilt. Sie führt damit in Ihre persönliche Heimat, auch wenn

Köln und Marktl am Inn oder Hufschlag nicht gerade benachbart sind. Sie führt zugleich in das Land der Reformation. So heißen wir, die nicht römisch-katholischen Christen in diesem Land, Sie herzlich willkommen und freuen uns mit Ihnen über die geistlichen Erfahrungen, die vielen Menschen durch den Weltjugendtag und durch Ihr Kommen eröffnet werden.

Diese Mitfreude spreche ich nicht nur für die Evangelische Kirche in Deutschland aus, sondern zugleich für alle hier Anwesenden, die Mitgliedskirchen und Gastmitglieder der Arbeitsgemeinschaft christlicher Kirchen in unserem Land vertreten. Bei dieser ersten Begegnung nach dem Beginn Ihres Pontifikats wünschen wir Ihnen Gottes beständiges Geleit in Ihrem Amt. Auch wenn wir nicht einstimmen konnten in den Ruf „habemus papam", sondern bei unserem „habent papam" verweilten, so hat uns doch die Wahl eines so ausgewiesenen Theologen aus Deutschland auf besondere Weise bewegt.

Wenn ich mich in diesen wenigen Minuten der Frage zuwende, welche ökumenischen Aufgaben heute vor uns liegen, so tue ich es in tiefem Schmerz über den Tod und in dankbarer Erinnerung an das Leben von Frère Roger Schutz, dem evangelischen Pastor und ökumenischen Prior von Taizé. Sein geistliches Vermächtnis kann uns dabei leiten, uns mit unseren Verschiedenheiten in gegenseitigem Respekt zu begegnen und so auf dem Weg der Einheit weiter zu gehen.

Das Jahr 2005, 450 Jahre nach dem Augsburger Religionsfrieden von 1555, erinnert uns an den langen, beschwerlichen Weg zu einem friedlichen Nebeneinander der Konfessionen in unserem Land. Auf diesem Weg haben unsere Kirchen gemeinsam gelernt, die für jede geistige Auseinandersetzung unerlässliche Suche nach Wahrheit in der gemeinsamen Pflicht zum Frieden zu gestalten. Sie haben auch gelernt, Staat und Kirche, Bürgerrecht und Bekenntnisstand, Menschenwürde und Glaubensfragen zu unterscheiden. Wir sind dankbar dafür, in einem Land wirken zu können, das sich nicht einem strikten Laizismus verschrieben hat, sondern der positiven Religionsfreiheit und deshalb auch der Förderung der Kirchen verpflichtet ist. Das ist eine gute Voraussetzung dafür, dass die Kirchen für viele Menschen zu Orten des Vertrauens werden und ihnen den Zugang zu einem verantwortlichen Leben aus Glauben erschließen.

Uns steht vor Augen, wie wichtig solche aufgeklärte Friedfertigkeit der Konfessionen und Religionen gerade heute ist – in einer Lage, in der sie an vielen Orten und auf vielfache Weise schmerzlich vermisst wird. Die tödlichen Gefahren, die sich daraus ergeben, sind uns in den vergangenen Wochen auch in Europa sehr nahe gerückt.

Drei Aufgaben sind es, die wir für die Zukunft unseres ökumenischen Dialogs besonders hervorheben möchten:

Gott will, „dass allen Menschen geholfen werde und sie zur Erkenntnis der Wahrheit kommen" (1. Timotheus 2, 4). Das Ereignis des Weltjugendtags erinnert uns an die gemeinsame Verpflichtung, der wir gerade in diesem Land und gegenüber jungen Menschen entsprechen müssen. Ich meine die Verpflichtung zur Weitergabe des Evangeliums an die nächste Generation. Unsere Kirchen werden ihr umso eher gerecht, je mehr sie sich um grundlegende theologische Übereinstimmungen bemühen und die Fähigkeit, in wichtigen Fragen gemeinsam zu sprechen – ich nenne sozialethische oder bioethische Themen dabei genauso wie kulturelle und bildungspolitische Herausforderungen –, lebendig halten.

„Einer trage des andern Last, so werdet ihr das Gesetz Christi erfüllen" (Galater 6, 2). Wir alle können in der seelsorgerlichen Zuwendung zu den Menschen auf bekümmernde Weise miterleben, dass es unsere konfessionelle Situation nicht erlaubt, Menschen in konfessionsverbindenden Ehen in ihrem Wunsch nach kirchlicher Beheimatung so zu respektieren, wie sie es erhoffen. Deshalb ist es dringlich, nach Wegen zur Heilung dieser Not zu suchen und in der Gemeinschaft am Tisch des Herrn ein Ziel zu sehen, das uns gemeinsam verpflichtet. Gemeinsam ist uns auch die Aufgabe, dass wir Menschen in ihrer Individualität und Selbstbestimmung achten und sie bei dem Versuch nicht allein lassen, ihr Leben – gerade auch in den Bereichen von Partnerschaft, Sexualität und Familie – verantwortlich zu gestalten.

„Seid darauf bedacht, zu wahren die Einigkeit im Geist durch das Band des Friedens: ein Leib und ein Geist …, ein Herr, ein Glaube, eine Taufe" (Epheser 4, 3ff.). Die zwischen unseren Kirchen erreichten theologischen Gemeinsamkeiten bilden wichtige Orientierungen für den weiteren ökumenischen Weg. Es ist eine bleibende Aufgabe, dass wir uns diesen Schatz immer wieder neu aneignen, vor allem durch die gemeinsame Zuwendung zum Reichtum der Heiligen Schrift. Bei deren Studium werden wir auf die Vielfalt der in ihr aufbewahrten Glaubenszeugnisse aufmerksam. Das wird uns dabei helfen, auch mit den Verschiedenheiten unter uns in wechselseitiger Achtung umzugehen.

Gemeinsam sehen wir in der Taufe „das sakramentale Band der Einheit" und anerkennen deswegen die in der jeweils anderen Kirche stiftungsgemäß vollzogene Taufe. Zugleich werden uns die unterschiedlichen Profile unserer Kirchen auf neue Weise bewusst. Ja, die gegenwärtige Lage lässt sich insgesamt als eine „Ökumene der Profile" kennzeichnen. Die Entdeckung wichtiger Gemeinsamkeiten und die Überwindung früherer gegenseitiger Verurteilungen verbinden sich mit der Erkenntnis, dass es in manchen Themenfeldern deutliche Unterschiede gibt. Diese doppelte Wahrnehmung der erreichten Nähe und der bleibenden Unterschiedlichkeit gehört zur Wahrhaftigkeit in unserer Situation.

Ich sehe ein Hoffnungszeichen darin, dass wir den zentralen Fragen unseres Verständnisses von Kirche sowie unserer Verhältnisbestimmung von geistlichem Amt und Gemeinde nicht ausweichen können. Die Bereitschaft zu tiefgehender theologischer Arbeit ist vonnöten, wenn wir uns über das Verständnis von Amt und Abendmahl, von apostolischer Sukzession oder der Bedeutung von Frauen im geistlichen Amt aufrichtig und wahrhaftig austauschen wollen. Aber wir können uns dieser Aufgabe in der Gewissheit stellen, dass der Geist Gottes dort weht, wo er will. Darum, dass er uns erreicht und bewegt, bitten wir – für Sie, unseren hohen Gast, wie für uns alle.

Zur Wahrhaftigkeit in der gegenwärtigen ökumenischen Situation habe ich mich in dieser Ansprache verpflichtet. Dieser Aufgabe dienen auch die Überlegungen dieses Bandes, mit dem ich weiter entfalte, was ich bei der ökumenischen Begegnung mit Papst Benedikt XVI. skizziert habe. In ökumenischer Verbundenheit kommt der besondere evangelische Ton der Freiheit zum Klingen.

Mit Bedacht beginnt das erste Kapitel mit den gemeinsamen Herausforderungen in einem zusammenwachsenden Europa. Denn unsere ökumenische Verpflichtung können wir nicht in einem nationalen Rahmen definieren. Sie ist vielmehr in einer globalen Perspektive zu betrachten, innerhalb deren dem Zusammenwirken der Kirchen in Europa eine besondere Bedeutung zukommt. In einer Reihe von Fragen hat die gemeinsame Aufgabe der Kirchen in Europa zuletzt aktuelle Bedeutung erlangt: Kann es ein gemeinsames christliches Zeugnis in der Diskussion zum Gottesbezug in der europäischen Verfassung geben? Wie positionieren sich die Kirchen in Fragen der Religionsfreiheit? Welche Werte bringen sie in das heutige Europa ein? Die europäische Situation allerdings ist nur in einem weltweiten Horizont zu betrachten. Den ökumenischen Herausforderungen der Globalisierung wendet sich deshalb der letzte Abschnitt dieses Kapitels zu.

Das zweite Kapitel erörtert ökumenisch-theologische Schlüsselfragen von zentraler theologischer, kultureller und gesellschaftspolitischer Bedeutung. In welchem Verhältnis stehen Glaube und Vernunft zueinander? Vermitteln die Reflexion über Gott als die Liebe oder die Rede von der Tugend des Glaubens klare Orientierung für eine gesellschaftliche Lage zwischen Säkularisierung und Wiederkehr der Religion?

Das dritte Kapitel entfaltet Wahrnehmungen des Katholizismus aus evangelischer Sicht. Dabei wird auch zu Fragen wie der nach dem Amt des Papstes als eines Repräsentanten der gesamten Christenheit Position bezogen.

Das Schlusskapitel stellt einen evangelischen Ausblick dar. Es nimmt hinein in die Aufbrüche einer Kirche der Freiheit am Beginn des 21. Jahrhunderts. Und es mündet in eine ökumenische Ermutigung.

Diese Gliederung zeigt: Nicht alle Aspekte der gegenwärtigen Situation können hier besprochen werden. Der europäischen Situation gebe ich in den folgenden Überlegungen mehr Gewicht als den Fragen, die sich im weltweiten ökumenischen Kontext stellen. Und ich vertrete eine Konzeption, die unter Ökumene das Miteinander der christlichen Kirchen versteht. Fragen des interreligiösen Dialogs ordne ich nicht dem Begriff der Ökumene zu. Diese Fragen sind von großer Bedeutung, wie die aktuelle Diskussion über den Islam anschaulich belegt; darauf wird auch in diesem Buch einzugehen sein. Aber das Verhältnis des christlichen Glaubens zu den nichtchristlichen Religionen sollte nicht unter den Begriff der Ökumene gefasst werden. „Die Erde ist des Herrn und was darinnen ist, der Erdkreis und die darauf wohnen" – dieser Beginn des 24. Psalms bildet den Ursprung des modernen Begriffs der Ökumene. Von Menschen ist die Rede, die den einen Erdkreis in dem Bewusstsein bewohnen, dass sie sich gemeinsam zu dem einen Herrn bekennen. Doch kann das Bekenntnis zu dem einen Gott, das Christen und Muslime verbindet, nicht darüber hinwegtäuschen, dass sie mit diesem Bekenntnis unterschiedliche Gottesvorstellungen verbinden. Das Bekenntnis zu dem einen Gott ist gerade kein gemeinsames Bekenntnis. Christliche Kirchen aber, die ökumenisch miteinander verbunden sind, bekennen sich gemeinsam zu dem dreieinigen Gott; sie sind dadurch miteinander verbunden, dass sie Jesus Christus als ihren Herrn und Heiland anerkennen. Darin liegen zugleich Geschenk und Auftrag der Ökumene.

I. Gemeinsame Herausforderungen

Das ökumenische Gespräch zwischen den Konfessionen ist das Ergebnis wachsender Gemeinsamkeiten. Diese haben angesichts gemeinsamer Herausforderungen im 20. Jahrhundert an Bedeutung zugenommen. Das Bewusstsein dafür, dass die christlichen Kirchen und Konfessionen nicht gegeneinander, sondern nur miteinander glaubwürdige Zeugen des Evangeliums sein können, ist durch gemeinsame Erfahrungen in der Zeit der Diktaturen gerade in Deutschland enorm gewachsen. Heute treten neuen Herausforderungen hinzu.

Die weit fortgeschrittene Entkirchlichung in Europa ruft nach konzeptionellen Antworten im kirchlichen Handeln. Die weltpolitische Rolle wie auch die europäische Präsenz des Islam, der seit dem Beginn des 21. Jahrhunderts auch in Europa deutlich mehr Aufmerksamkeit findet als zuvor, erfordern eine gemeinsame Reaktion der Kirchen. Die Fortschritte in den Lebenswissenschaften, der demographische Wandel und seine sozialpolitischen Konsequenzen, die Globalisierung mit ihren weitreichenden wirtschaftlichen Folgen und die Frage nach der Zukunft der Familie sind Beispiele für Themen, zu denen sich die Kirchen auf der Grundlage des christlichen Menschenbilds klar und, wenn es geht, gemeinsam äußern sollten.

Doch nach dem christlichen Menschenbild zu fragen, heißt nach dem gemeinsamen Verständnis des christlichen Glaubens zu fragen. Dafür bildet das Verhältnis zwischen der Heiligen Schrift und der kirchlichen Lehre nach wie vor eine Schlüsselfrage. Die Tatsache, dass es sich nicht als möglich erwies, zwischen den deutschsprachigen katholischen Diözesen und der Evangelischen Kirche in Deutschland zu einem gemeinsamen Verfahren für die Revision der „Einheitsübersetzung" der Bibel zu kommen, hat im Kern mit dieser Frage nach dem Verhältnis von Schrift und Tradition zu tun. Die Frage nach der eucharistischen Gemeinschaft über Konfessionsgrenzen hinweg ist deshalb ungelöst, weil die eucharistische Gemeinschaft nach römisch-katholischer Auffassung Kirchengemeinschaft voraussetzt; diese ist ihrerseits an die Anerkennung des katholisch verstandenen kirchlichen Amts gebunden. Die Unterschiede im Verständnis der Kirche und ihrer Ämter sind dadurch von zentraler Bedeutung für die Zukunft der Ökumene. Diese Unterschiede dürfen zugleich jedoch nicht absolut gesetzt werden. Auch wenn über die Gemeinschaft am Tisch des Herrn keine Übereinstimmung besteht, ist es doch gelungen, im Blick auf die wechselseitige Anerkennung der Taufe ein gemeinsames Verständnis zu erreichen.

Im europäischen Kontext begegnen solche Herausforderungen deshalb in zugespitzter Form, weil hier die Spaltung wie das Zusammenrücken der christlichen Kirchen besonders intensiv erlebt wurden; dieser Zusammenhang rückt deshalb in den folgenden Überlegungen besonders in den Blick. Die Erweiterung der Europäischen Union nach Mittel- und Osteuropa – mit zehn neuen Mitgliedsstaaten am 1. Mai 2004, denen am 1. Januar 2007 mit Rumänien und Bulgarien zwei weitere Staaten gefolgt sind – ist auch für die christlichen Kirchen besonders folgenreich. Angesichts dieser Erweiterung der Zahl der Mitgliedsstaaten der Europäischen Union von fünfzehn auf siebenundzwanzig Staaten ist es besonders dringlich, Europa nicht nur als Wirtschaftsunion, sondern als Wertegemeinschaft zu verstehen. Die Erweiterung Europas fordert dazu heraus, dass es sich seiner jüdisch-christlichen Wurzeln vergewissert.

Dieser Frage soll ein erster Gang unserer Überlegungen gelten: Worin besteht die ökumenische Herausforderung in der gegenwärtigen europäischen Situation (1)? Wie positionieren sich die Kirchen in Fragen der Religionsfreiheit (2)? Welche Werte bringen sie in das heutige Europa ein (3)? Eine abschließende Überlegung weitet den Horizont und bezieht die Konsequenzen der Globalisierung für eine gemeinsame christliche Orientierung in die Überlegungen mit ein (4).

Getrennt können die christlichen Kirchen nicht auf diese Herausforderungen reagieren. Sie stehen vielmehr vor der Aufgabe, gemeinsam eine Vorstellung von der Prägekraft des Christentums und den Werten zu entwickeln, die es in unsere moderne Welt einbringt.

1. Die ökumenische Aufgabe in Europa

Der Blick zurück: Versöhnung und Frieden

In einer Zeit, in der die Europäische Union den 50. Jahrestag ihrer Gründung am 25. März 1957 feiert, muss man sich vor allem an eines erinnern: Die Geschichte der Europäischen Union ist eine Geschichte der Versöhnung. Die Ansätze einer wirtschaftlichen Kooperation, zuerst im Bereich der Montanindustrie, verbanden sich mit der Idee, ein Europa der Versöhnung und des Friedens zu schaffen.

Der starke Impuls, mit dem der europäische Einigungsprozess nach 1945 aufgenommen und umgesetzt wurde, ist nur zu verstehen als Antwort auf die furchtbare Zerrissenheit des europäischen Kontinents infolge der menschenverachtenden Politik der totalitären Regime des 20. Jahrhunderts. Dass aus Feinden im Laufe dieses Prozesses Partner und sogar Freunde wurden, ist vor allem für uns Deutsche ein Geschenk, das wir mit der Einigung Europas verbinden und das uns in besonderer Weise verpflichtet. Die evangelische und die katholische Kirche waren unter den ersten, die aufeinander zugingen und das Amt der Versöhnung predigten und lebten – im Aufbau von unzähligen Partnerschaften zwischen Gemeinden und Kirchen, in Versöhnungsprojekten und in der Konferenz Europäischer Kirchen.

Das christliche Friedensengagement wird angetrieben durch die Sehnsucht nach einer Zeit, in der Frieden und Gerechtigkeit sich küssen, wie der Psalm sagt (Psalm 85, 11). Dieses Engagement hat dazu beigetragen, die Gesetzmäßigkeit der Vergeltung zu durchbrechen und sogenannte „Erbfeindschaften" aus dem Geist der Versöhnung zu überwinden. So wurde ein neuer Anfang möglich. Meine Generation hat das am eigenen Leib erfahren.

In diesem europäischen Rahmen wurde uns neu bewusst, dass die christlichen Kirchen und ihre Theologie dem Frieden zu dienen haben. Ebenso wie meine persönliche Lebensgeschichte ist die Biographie vieler Christen in Europa während der letzten Jahrzehnte durch diese Erfahrung geprägt. In dem gemeinsamen Eintreten für Gerechtigkeit, Frieden und die Bewahrung der Schöpfung hat dieses Bewusstsein Ausdruck gefunden. Die Europäischen Ökumenischen Versammlungen in Basel und Graz haben das auf exemplarische Weise bekräftigt; in der dritten Europäischen Ökumenischen Versammlung in Hermannstadt (Sibiu) 2007 findet es seine Fortsetzung.

Aber der Friedensauftrag der Religion ist natürlich nicht

auf das Christentum beschränkt. Vielmehr hat jede Religion den Auftrag, für den Frieden unter den Menschen zu wirken. Gemeinsam müssen die Religionsgemeinschaften insbesondere jeder Gewaltanwendung, die sich durch einen religiösen Bezug legitimieren will, eine klare Absage erteilen. Die Evangelische Kirche in Deutschland hat das im Herbst 2006 in einer Handreichung zum Verhältnis von Christen und Muslimen unter dem Titel „Klarheit und gute Nachbarschaft" mit folgenden Worten zum Ausdruck gebracht: „Es ist die Aufgabe von Angehörigen aller Religionen, einen Beitrag zur Förderung des Friedens und zur Minderung des Gewalt- und Aggressionspotentials im menschlichen Zusammenleben zu leisten." Wenn die Religionsgemeinschaften in diesem Sinn vorbildhaft wirken, wird dies einen Raum gesellschaftlichen Vertrauens öffnen und breite Anerkennung finden.

Es ist nötig, dass die Kirchen sich ihrer gemeinsamen Geschichte erinnern und dazu beitragen, dass die ihnen gemeinsamen Wurzeln bewusst werden. Dazu gehört, dass Europa im Verständnis der Kirchen nicht an den Grenzen der Europäischen Union aufhört. So bemühen sich – um ein Beispiel zu nennen – evangelische und katholische Christen aus Deutschland, Polen, Weißrussland und der Ukraine in dem Projekt „Versöhnung in Europa" intensiv darum, das Zusammenwirken und die Gemeinschaft der Kirchen über die Ostgrenze der Europäischen Union hinaus zu fördern und zu verstärken.

Denn neben der wirtschaftlichen Funktion des vereinigten Europa müssen die Grundlagen und Voraussetzungen seiner politischen Kultur verstärkt bewusst gemacht und erneuert werden. Aus der Sicht der Kirchen sollte außerdem noch stärker als bisher deutlich werden, dass die Europäische Union als gemeinsamer geistig-kultureller Raum zu verstehen ist, der mehr sein will als ein politischer Zusammenschluss mit vornehmlich kommerziellen Absichten. Als kultureller Raum aber ist Europa nicht nur durch das Christentum geprägt: Athen, Rom, Jerusalem lassen sich exemplarisch als die drei Orte nennen, in deren Namen die für Europa charakteristische Pluralität kultureller Prägungen aufklingt. Athen steht dabei für die Offenheit gegenüber den Wissenschaften und Künsten, Rom für die rechtliche Gestaltung politischer Herrschaft, Jerusalem für die jüdische und christliche Religion.

Auch wenn wir die Umstände, unter denen manche Teile des Kontinents christianisiert wurden, als problematisch empfinden, können wir doch die Augen nicht davor verschließen, dass es kein europäisches Land gibt, das nicht spätestens vor einem Jahrtausend zum Christentum übergegangen ist. Diese Bindung an das Christentum stellt ganz unausweichlich einen wichtigen Bestandteil der europäischen Identität dar. Das Gesicht Europas ist durch das Christentum in seinen verschiedenen konfessionellen Gestalten mitgeprägt. Der Kontinent ist überzogen von Marksteinen christlicher Präsenz, von Kirchen und Klöstern, Schulen und Hospitälern, Wegkreuzen und Kapellen. Der Rhythmus der Zeit trägt eine christliche Gestalt, von der Siebentagewoche, die mit dem Tag der Auferstehung Christi ihren Anfang nimmt, bis zum liturgischen Kalender, der den Jahreslauf bestimmt. Und vor allem: Das Bild vom Menschen ist von hier aus geprägt – das Bild von der menschlichen Person, die aus dem Gegenüber zu Gott ihre unantastbare Würde empfängt.

Zugleich war die Entwicklung der westlichen Christenheit über lange Jahrhunderte durch die beständige Spannung zwischen einer sich hierarchisch verfestigenden Kirche und sich dagegen auflehnenden Erneuerungsbewegungen bestimmt. Was Petrus Waldus, auf den die vor allem in Italien beheimatete evangelische Waldenserkirche zurückgeht, oder Jan Hus, der Ahnherr der tschechischen Hussiten, bereits im späten Mittelalter versuchten, gewann in der Reformation des 16. Jahrhunderts weltgeschichtliche Bedeutung. Dabei war es auch der politischen Konstellation zu verdanken, dass die Reformation nicht wie die Erneuerungsbewegungen des Mittelalters als Ketzerei niedergeschlagen wurde. Als die „Protestanten" auf dem Reichstag in Speyer 1529 sich einem Mehrheitsbeschluss der Reichsstände in Fragen des Glaubens widersetzten, fügten sie zur abendländischen Unterscheidung zwischen weltlicher und geistlicher Gewalt einen weiteren Baustein für die Entstehung des modernen Verfassungsstaats hinzu. Sie verlangten die Anerkennung der Gewissensfreiheit und die Selbstbeschränkung der politischen Autorität in Fragen der Religion. Sie ebneten damit den Weg zur Aufklärung ebenso wie zur Anerkennung von konfessioneller und religiöser Pluralität. So wurden am Übergang zur Neuzeit wichtige Grundlagen für den christlichen Beitrag zur europäischen Werteordnung gelegt.

Wenn man sich an solche tragenden und prägenden Elemente des christlichen Sozialethos erinnert, darf man freilich nicht die Kämpfe und Auseinandersetzungen aus den Augen verlieren, die für den Weg des Christentums gerade in Europa charakteristisch waren. Die Konfessionskriege der nachreformatorischen Zeit, an die man dabei zuallererst denken muss, nötigten zu einer Neukonstruktion eines europäischen Friedens, der nicht unmittelbar auf der Religion beruhte, sondern auch dann Bestand haben sollte, wenn man annähme, dass es Gott nicht gäbe. Insofern erzwang die Unversöhnlichkeit der konfessionell bestimmten Kriegsparteien die Suche nach einer Friedensordnung, die auch gegen die Konfessionen durchgesetzt werden konnte.

Daran muss man sich immer wieder erinnern, wenn die These vertreten wird, der Frieden zwischen den Völkern setze den Frieden zwischen den Konfessionen und Religionen voraus: „kein Weltfrieden ohne Religionsfrieden" (Hans Küng). Gegebenenfalls muss der Frieden – Gott sei's geklagt – auch gegen Konfessionen und Religionen durchgesetzt werden. Auch das gehört zu den Lehren der europäischen Entwicklung. Die Kirchen selbst müssen ein Interesse daran haben, dass der Rechtsfrieden gegen diejenigen behauptet wird, die ihn gefährden – und sei es unter Inanspruchnahme religiöser Motive. Nordirland ist dafür ebenso ein aktuelles Beispiel wie der Balkan. Erst recht gilt das für den 11. September 2001 und seine Folgen. Gerade die europäische Erfahrung spricht dafür, die Bedeutung der Religion für die Gesellschaft und den weltlichen Charakter der Rechtsordnung deutlich voneinander zu unterscheiden. Diese Einsicht wird insbesondere das Gespräch zwischen Christentum und Islam in der Zukunft stärker bestimmen müssen als in der Vergangenheit.

Von der prägenden Bedeutung des Christentums für Europa zu sprechen, bedeutet, die europäische Pluralität anzuerkennen. Denn das Christentum hat auf seine Weise zur Pluralität beigetragen. Die Toleranz gegenüber Glaubensfremden, zuerst in protestantischen Staaten gewährleistet, war dazu ein wichtiger Schritt. Sie trug dazu bei, dass sich die staatsbürgerlichen Rechte von der Religionszugehörigkeit lösten. Diese „Bresche" wurde, wie sich der französische Historiker René Rémond in seiner brillanten Studie über „Religion und Gesellschaft in Europa" ausdrückt, in der

Französischen Revolution geschlagen. „Niemand darf wegen seiner Ansichten, selbst religiöser Art, bedrängt werden ..." heißt es erstaunlich zurückhaltend in der „Erklärung der Menschen- und Bürgerrechte" von 1789. Aber die Einsicht, dass Unterschiede des religiösen Bekenntnisses keine staatsbürgerliche Benachteiligung zur Folge haben dürfen, war weitreichend. Diese Entkoppelung setzte sich schrittweise in ganz Europa durch. Erst der Ausschluss der Juden von der Staatsbürgerschaft im Deutschland der Nazizeit – aber auch im Frankreich der Vichy-Regierung – war eine tragische Abweichung von dem nun errungenen Prinzip. Wer immer heute von Europa als Wertegemeinschaft spricht, wird gerade deshalb dieses Prinzip zu den Werten zählen, hinter die Europa nicht wieder zurückgehen kann. So wie durch die Reformation die Gewissensfreiheit zu einem europäischen Grundwert wurde, so durch die Französische Revolution die staatsbürgerliche Gleichheit. Es gibt keinen Zugang zum Wertekonsens Europas an diesen beiden Weichenstellungen vorbei.

Die Kirchen haben die Unabhängigkeit des Staatsbürgerrechts von der Religionszugehörigkeit nicht selbst durchgesetzt. Auch deshalb hat dieser epochale Wandel sich in einem Entkirchlichungsschub Ausdruck verschafft, der zwei Jahrhunderte – das 19. wie das 20. Jahrhundert – prägte. Sowohl in überwiegend protestantischen Gegenden als auch in katholischen Regionen löste sich das Deutungsmonopol der Kirchen ebenso auf wie ihr direkter Zugriff auf die Lebensorientierungen der Einzelnen. Glaubensfeindliche Ideologien haben im 20. Jahrhundert die Entkirchlichung weiter Bereiche Europas vorangetrieben. Doch diese Entkirchlichung ist nicht umstandslos mit einer Entchristlichung gleichzusetzen. Sie hat, wie Joseph Weiler in seiner bemerkenswerten Schrift „Ein christliches Europa" klargemacht hat, die Rede vom christlichen Charakter Europas keineswegs gegenstandslos gemacht.

Inzwischen überlagern sich Entkirchlichung und religiöse Pluralität. Die Wanderungsbewegungen in der zweiten Hälfte des 20. Jahrhunderts führten zu einer verstärkten Präsenz nichtchristlicher Religionen in Europa, allen voran des Islam. Dass Religionsfreiheit auch die Freiheit Andersglaubender ist, wird zu einer täglichen Erfahrung. Auch in Europa gibt es viele Anzeichen dafür, dass das 21. Jahrhundert durch eine Wiederkehr der Religion geprägt sein wird. Nicht alle Formen von Religion, die auch in Europa eine wachsende Bedeutung gewinnen werden, sind durch ein Ja zu der aufgeklärten Säkularität geprägt, die für die neuzeitliche Entwicklung in Europa bestimmend geworden ist. Umso bedeutsamer wird die Aufgabe sein, wichtige Elemente der europäischen politischen Kultur zu bewahren und sorgsam mit den Quellen umzugehen, aus denen sie sich speist, die christlichen Quellen eingeschlossen.

Der Blick in die Gegenwart: Verfassungsfragen

Dies ist auch deshalb hervorzuheben, weil sich die meisten Prognosen der letzten Jahrzehnte zur Rolle der Religion als falsch erwiesen haben. Zwar hat sich in Europa die Rolle die Kirchen während der vergangenen zweihundert Jahre tiefgreifend gewandelt. In vielen Bereichen haben sie ihre unmittelbare, mit staatlicher Unterstützung durchsetzbare Bestimmungsmacht verloren. Doch die Wirkungsgeschichte des Evangeliums dauert an: Die Botschaft von Gottes Gnade wird verkündet; Menschen gründen ihr Leben im Glauben und lassen sich zu Taten der Liebe anstiften; der Gedanke der christlichen Freiheit wirkt fort. Das Prinzip der Menschenrechte, die Ausgestaltung des demokratischen Staates, die Orientierung gesellschaftlichen Handelns an Gerechtigkeit und Solidarität oder eben die Idee eines versöhnten Europas verdanken sich entscheidenden Impulsen der jüdisch-christlichen Tradition.

Die evangelische und die katholische Kirche haben sich ebenso wie andere christliche Kirchen auch deshalb intensiv zur Entwicklung der Europäischen Union geäußert. Einen besonderen Anlass bot dazu die Arbeit an dem Entwurf für einen Europäischen Verfassungsvertrag. Zu dem Vorschlag, den der Verfassungskonvent dazu vorgelegt hat, haben die Kirchen verschiedentlich Stellung genommen. Beispielsweise haben Karl Kardinal Lehmann, der Vorsitzende der katholischen Deutschen Bischofskonferenz, und ich am 4. Juni 2004, kurz vor der Entscheidung des Europäischen Rates zum Verfassungsentwurf, in einem Brief an den damaligen Bundeskanzler Gerhard Schröder konkrete Vorschläge zur Formulierung der Präambel der Europäischen Verfassung gemacht.

Der Entwurf des Verfassungsvertrags enthält wichtige Richtungsentscheidungen für die Bestimmung des Verhältnisses der Europäischen Union zu den Kirchen und Religionsgemeinschaften. Große Bedeutung dafür hat Artikel 52. Absatz 1 erkennt die Vielfalt staatskirchenrechtlicher Systeme in Europa an. Diese Vielfalt beruht auf unterschiedlichen sozialen, kulturellen und religiösen Verhältnissen. Sie prägen die jeweilige politische Kultur und sind ein tragendes Element dessen, was als nationale Identität bezeichnet werden kann.

Der Absatz 3 des Artikels 52 enthält eine institutionelle Anerkennung der Kirchen und ihrer Bedeutung als gesellschaftlicher Kräfte in einer Demokratie. Artikel 3 legt fest, dass die europäischen Institutionen einen regelmäßigen, transparenten und offenen Dialog mit den Kirchen und Religionsgemeinschaften unterhalten. Die christlichen Kirchen leisten anerkanntermaßen wichtige Beiträge zur gesellschaftlichen Verständigung.

Der Konvent hat einen Hinweis auf die religiösen Überlieferungen für die Präambel vorgeschlagen. Das ist zu begrüßen, bleibt aber zu unpräzise. Die abstrakte Rede von religiösen Überlieferungen, denen die humanistischen Überlieferungen noch betonend nachgestellt sind, relativiert die christliche Prägung Europas allzu sehr. Es entsteht der Eindruck, dass das kulturelle Gedächtnis Europas im Wesentlichen auf die Aufklärung und ihre griechische Vorgeschichte reduziert wird. Deshalb ist es notwendig, die „religiösen Überlieferungen" präziser zu benennen und von den jüdisch-christlichen Überlieferungen zu sprechen. Das ist der erste Vorschlag, den wir zur Formulierung der Präambel gemacht haben.

Der zweite Vorschlag nimmt besondere deutsche Erfahrungen auf. In Deutschland ist bei der Formulierung des Grundgesetzes dezidiert an die Erfahrungen des 20. Jahrhunderts angeknüpft worden. Dies hat zur Aufnahme der „Verantwortung vor Gott und den Menschen" in die Präambel des Grundgesetzes geführt, die in der Erschütterung über die Schrecken des totalitären NS-Staates und seines Allmachtwahns formuliert worden ist. Die Präambel bringt damit den Horizont für die konkrete historische Verantwortung des Verfassungsgebers zur Sprache; sie macht nicht das Gottesverständnis einer bestimmten kirchlichen Lehre oder Religion für alle Bürgerinnen und Bürger verpflichtend.

Wenn ein Gottesbezug auch in der Präambel des Europäischen Verfassungsvertrags seinen Ort finden könnte, würde es sich übrigens nicht um eine „Anrufung Gottes" handeln, sondern um eine Beschreibung des Verantwortungshorizonts, in dem Europa gewachsen ist und Gestalt gewinnt. Dass Menschen ihr Handeln vor Gott verantworten und ihrer Machtausübung dadurch Grenzen gesetzt wissen, ist dabei genauso zu berücksichtigen, wie die Gewissensfreiheit derer zu achten ist, die eine solche Bindung an Gott für sich nicht anerkennen oder aussprechen. „In Verantwortung vor Gott und den Menschen sowie in Achtung vor der Freiheit des Gewissens" wäre eine Formulierung, in der dies zum Ausdruck kommen könnte.

Ohne auf die Vor- und Nachteile einzelner Vorschläge einzugehen, wurden solche Vorschläge insbesondere von Frankreich gern mit der Forderung nach der Aufnahme des Laizismus in die Präambel beantwortet. Frankreich beruft sich darauf, es habe für die Präambel des Verfassungsvertrages bereits mehr zugestanden als für die Präambel der Grundrechte-Charta, nämlich einen ausdrücklichen Bezug auf die „religiösen Überlieferungen" Europas. Doch es ist nicht sinnvoll, Vorschläge für weitere Verdeutlichungen mit der Forderung nach einer Verankerung des Prinzips der Laizität zu konterkarieren. Denn dabei handelt es sich um eine der institutionellen Gestalten des Verhältnisses von Staat und Kirche. In der Präambel aber geht es um die Frage nach den geistigen Grundlagen, also nach der Seele Europas. Die beiden Fragen liegen auf verschiedenen Ebenen.

Die jüdisch-christlichen Überlieferungen konkret zu nennen und einen Gottesbezug in die Präambel aufzunehmen, würde keinesfalls einen besonderen Machtanspruch der Kirchen dokumentieren, sondern in sich die Forderung nach der Unterscheidung von geistlichem und staatlichem Auftrage enthalten. Es würde keine religiöse Überhöhung staatlicher Macht implizieren, sondern die Grenzen menschlicher Macht erkennbar machen. Es würde nicht die Bevormundung des Gewissens sanktionieren, sondern für die Freiheit des Gewissens stehen. Zudem würde es keine religiöse Exklusivität beanspruchen, sondern kulturelle und religiöse Vielfalt anerkennen.

Der Blick in die Zukunft: Versöhnte Verschiedenheit

Den Blick in die Vergangenheit und die Auseinandersetzung mit Fragen unserer Gegenwart will ich mit einem Blick in die Zukunft verbinden. Dabei knüpfe ich an einen Besuch an, den eine Delegation europäischer Kirchenführer im Jahr 2003 dem damaligen Präsidenten der Europäischen Kommission, Romano Prodi, in Brüssel abstattete. Während des Gesprächs schaute der Präsident die Repräsentanten orthodoxer, anglikanischer, römisch-katholischer und evangelischer Kirchen an und sagte sinngemäß: Bis zu einem gewissen Grade nehmen Sie in den Kirchen die Zukunft Europas vorweg. Denn die entscheidende Aufgabe Europas ist es, der Pluralität eine Gestalt zu geben, die Einheit in Verschiedenheit zu leben. Und er fuhr fort: Die ökumenische Gemeinschaft der Kirchen ist ein Modell für die Einheit in Verschiedenheit, die wir in Europa brauchen.

Gemeinschaft in Europa bedeutet Einheit in Vielfalt. Kulturelle und religiöse Pluralität hat Europa zwar von Anfang an bestimmt. Sie ist aber keineswegs immer als selbstverständliches Element der europäischen Kultur anerkannt worden. Das Christentum hat wesentlich zur europäischen Pluralität beigetragen; die christlichen Kirchen wissen sich auch weiterhin verpflichtet, ihren Beitrag zur politischen

Kultur Europas zu leisten. Die christliche Mitgift Europas ist deshalb ein wichtiges Unterpfand für Gegenwart und Zukunft. Die christlichen Prägungen sind wesentliche Grundlagen der politischen Kultur auch der Europäischen Union. Das ausdrücklich bewusst zu machen, ist eine eminente ökumenische Aufgabe; darin eine gemeinsame Verantwortung zu sehen, gehört zu den großen Chancen und Möglichkeiten für das ökumenische Zusammenwirken der Kirchen.

Denn nach den Gründen für die konfessionelle Differenzierung wird auf europäischer Ebene mit der gleichen Dringlichkeit gefragt wie nach Zeichen christlicher Gemeinschaft. Die plurale Kultur in Europa richtet ihr Interesse weniger auf undifferenzierte Einheitsmodelle. Sie sucht nach Beispielen, wie die eigene Identität gewahrt bleiben kann, ohne dem anderen gegenüber in beständiger Abgrenzung leben zu müssen. Die christliche Kultur – aufgrund ihrer Ursprünge und ihres theologischen Profils die protestantische vielleicht in besonderer Weise – vermag hier ein überzeugendes Beispiel zu geben.

Zu den vordringlichen Aufgaben gehört zugleich die gemeinsame Verantwortung für die politische und soziale Integration Europas. Es ist an der Zeit, die Menschenrechte sowie die Grundwerte des Friedens, der Gerechtigkeit, der Freiheit, der Toleranz, der Partizipation und der Solidarität als gemeinsame Überzeugung der europäischen Christenheit zu unterstreichen und zur Geltung zu bringen. Diese Grundwerte werden in der Charta Oecumenica genannt, in der die Kirchen Europas im Jahr 2001 feierlich und nachdrücklich eine gemeinsame ökumenische Selbstverpflichtung niedergelegt haben. Es gilt, so heißt es dort, gemeinsam einzutreten für die Ehrfurcht vor dem Leben, den Wert von Ehe und Familie, den vorrangigen Einsatz für die Armen, die Bereitschaft zur Vergebung und in allem für die Barmherzigkeit. Die Kirchen verpflichten sich in diesem Text ausdrücklich dazu, sich gemeinsam dafür einsetzen, dass die Religionsfreiheit gewährleistet und der christliche Glaube in seinen verschiedenen Gestaltungsformen respektiert wird.

2. Gemeinsam für die Freiheit der Religion

Die gerade zitierte Charta Oecumenica macht deutlich, welche zentrale Bedeutung der Religionsfreiheit für das gemeinsame ökumenische Engagement der Kirchen zukommt.

Angesichts eines tief greifenden gesellschaftlichen Wandels gewinnt heute die Überzeugung an Gewicht, dass Begriffe wie Freiheitlichkeit, Toleranz und Pluralität ein anspruchsvolles Lebens- und Gesellschaftskonzept beschreiben, das einer tragfähigen Begründung bedarf. Das gilt für jeden einzelnen, es gilt aber auch für die Gemeinschaft. Wir fragen nicht mehr nur nach der Vielfalt der uns offen stehenden Optionen. Wir fragen auch neu nach den Ligaturen, den Kohäsionskräften unserer Gesellschaft. Die Frage nach der Bedeutung von Religion und nach der Religionsfreiheit gewinnt an Gewicht.

Religionsfreiheit gehört eng mit Gewissensfreiheit zusammen. Wenn Menschen ihre Religion nicht frei ausüben können, sind sie in ihrer innersten Freiheit betroffen. Die seit dem Entstehen der Menschheit gestellte Frage nach dem Sinn des Lebens, nach dem Woher und dem Wohin erfährt gerade durch Religion eine Antwort. Ob der Einzelne sie als für sein Leben bestimmend anerkennt und sein Leben daran ausrichtet, kann er nur in eigener Selbstbestimmung für sich entscheiden. Glaube – das haben wir in der Geschichte des Christentums gegen manche Widerstände gelernt – setzt diese freie Entscheidung voraus. Die Religionsfreiheit gibt dem Einzelnen – positiv – das Recht, sein gesamtes Verhalten an seiner religiösen Überzeugung auszurichten und dieser Überzeugung gemäß zu handeln. Sie gibt ihm auch – negativ – das Recht, auf religiöse Überzeugungen oder eine religiöse Praxis zu verzichten. Die Verwirklichung der Religionsfreiheit als Menschenrecht ist heute eine gemeinsame Forderung und ein gemeinsames Anliegen der Kirchen.

Toleranz

Es gibt keine Religion, die ohne Konsequenzen für die Lebensführung wahrhaftig gelebt werden kann. Insofern hat jede Religion zugleich mit ihrer persönlichen auch eine politische Dimension. Sie betrifft nicht nur das private, sondern auch das öffentliche Leben. Die offene Gesellschaft westlicher Prägung lebt von der Vielfalt von Basisorientierungen, Meinungen, Lebensvorstellungen, Weltanschauungen und Religionen, deren Beziehungen zueinander im Prozess der zivilgesellschaftlichen Öffentlichkeit auf der Grundlage gegenseitiger Toleranz gestaltet werden müssen. Toleranz ist dabei nicht gleichzusetzen mit: alles für richtig halten und jedem Recht geben. Wer nach allen Seiten offen ist, ist nicht mehr ganz dicht, sagt ein Wort, das zum Sprichwort avancieren könnte. Wenn alles gleich gültig ist, wird alles gleichgültig. Es wird beliebig und verliert an Bindungs- und Überzeugungskraft.

Religiöse Toleranz meint das Aushalten und Austragen von Differenzen zwischen Personen, deren gleiche Würde anerkannt wird. Die freiheitliche offene Gesellschaft kann sich nicht damit begnügen, dass man sich wechselseitig in Ruhe lässt; sie braucht die wache, überzeugte Toleranz, die den Dialog einfordert und dem Streit um die Wahrheit nicht ausweicht.

Wann immer von Toleranz die Rede ist, wird die Aufmerksamkeit auf den Beitrag gelenkt, den Gotthold Ephraim Lessing mit seinem „Nathan dem Weisen" zu diesem Thema geleistet hat. Ja, unter „postmodernen" Bedingungen hat diese Antwort an Aktualität gewonnen. So hat der Ägyptologe Jan Assmann seine Kritik am Monotheismus, der seiner Tendenz nach intolerant und gewaltgeneigt sei, verschiedentlich mit den Vorschlag verbunden, sich stattdessen an Lessings Ringparabel zu halten, der zufolge keiner wissen kann, ob er den „wahren" Ring und damit die Wahrheit selbst habe. Jeder könne vielmehr nur seine Wahrheitsüberzeugung durch Taten der Liebe unter Beweis stellen und das bedeute: die Wahrheitsüberzeugung des anderen als gleichberechtigt anerkennen.

Doch die Frage muss erlaubt sein, ob Lessing wirklich einen weiterführenden oder gar für die Gegenwart tragfähigen Beitrag zum Toleranzproblem geleistet hat. Ist denn das Bild der drei Ringe, unter denen der wahre Ring sich nicht mehr finden lässt, wirklich ein Modell von Toleranz? Die drei Söhne, die von ihrem Vater drei gleich aussehende Ringe erhalten, ziehen vor den Richter, um feststellen zu lassen, wer den echten Ring und mit ihm auch die Herrschaft erhalten hat. Da jedoch nach der Auffassung des Richters die Wahrheitsfrage nicht entschieden werden kann, macht er stattdessen die Frage zum Prüfstein, wer von den dreien der beliebteste sei, welchen also zwei der drei Brüder besonders lieben. Dieser Test geht negativ aus, weil ja die erklärte Liebe zu einem Bruder das Eingeständnis impliziert hätte, dass er über den echten Ring verfügt. Das veranlasst den Richter zu der Einschätzung, dass es diesen gar nicht mehr gibt; er ging vielmehr, so vermutet er, verloren. An die drei Brüder appelliert er, trotzdem an die Echtheit ihres Rings zu glauben und dies durch ein Verhalten unter Beweis zu stellen, das durch vorurteilsfreie Liebe und Verträglichkeit geprägt ist.

Mit diesem Ausgang der berühmten Ringparabel wird die Frage nach dem Verhältnis von Toleranz und Wahrheit geradezu suspendiert. Das Ertragen einer fremden Wahrheitsüberzeugung wird nicht mehr gefordert; denn nach der Wahrheit der Religion wird überhaupt gar nicht mehr gefragt. Die Wahrheitsgewissheit wird aus einer Überzeugung zu einer Hypothese in praktischer Absicht. Religion wird auf Moralität reduziert.

Toleranz dagegen muss gerade in christlicher Perspektive in einer Glaubensgewissheit gründen, um deretwillen der Mitmensch als Nächster geachtet und in seiner abweichenden Glaubensweise respektiert wird. Reformatorisch geprägter Glaube stützt sich dafür auf eine göttlich zugesprochene Anerkennung der menschlichen Person, die unabhängig von ihren Taten und damit auch von ihren Überzeugungen gilt. Denn diese göttliche Anerkennung beruht gerade nicht auf den von Menschen erbrachten Leistungen, sondern auf einer göttlichen Toleranz, die den gottlosen Menschen als von Gott geliebtes Geschöpf annimmt.

Wenn Toleranz demzufolge nicht in einer religiösen Indifferenz, sondern in einer bestimmten und bestimmbaren Glaubensgewissheit gründet, dann hat das freilich Folgen für die Art und Weise, in welcher diese Toleranz praktiziert wird. Wenn Toleranz auf eine bestimmte und bestimmbare Wahrheitsgewissheit angewiesen ist, dann kann sie sich gerade nicht in einer Suspendierung der Wahrheitsfrage Ausdruck verschaffen, sondern muss sich auch im Streit um die Wahrheit bewähren. Wenn gelebte Toleranz eine im Leben bewährte Folge des Gottesverhältnisses ist, dann kann Religion auch um der Toleranz willen nicht auf Moralität reduziert werden; vielmehr muss gerade im Verhältnis zwischen den Religionen die Gottesfrage in ihrer konstitutiven Bedeutung zur Sprache kommen. Deshalb ist die Frage nach Frieden und Toleranz zwischen den Religionen auch noch nicht mit der Ausrufung eines „Projekts Weltethos" beantwortet; die Antwort kündigt sich vielmehr erst dann an, wenn die Religionen ihre Differenzen im Glaubensverständnis in einer Weise austragen können, die den Frieden nicht gefährdet, sondern stärkt.

Spätestens die Terrorakte unserer Zeit haben deutlich gemacht, wie unausweichlich der Dialog ist, wenn die religiöse Toleranz nicht gefährdet werden soll. Er ist eine unentbehrliche Bedingung für das friedliche Zusammenleben in der pluralen Gesellschaft und für den Frieden zwischen Völkern, Kulturen und Religionen. Diesen Frieden zu ermöglichen und zu erhalten ist – um Gottes und der Menschen willen – Aufgabe jeder Religion. Niemand kann ein Recht dazu beanspruchen, unter Berufung auf religiöse Regeln oder auf kulturelle Traditionen aus dem jeweiligen Herkunftsland andere Menschen zu etwas zu zwingen, sie zu töten oder zu verletzen.

Die abendländische Zivilisation stellt den einzelnen Menschen in den Mittelpunkt der Gesellschaftsordnung; darin unterscheidet sie sich von anderen Kulturkreisen. Die Wurzeln hierfür liegen vor allem in dem durch das Christentum bestimmten Menschenbild. Dieses Menschenbild bringen wir in den Dialog der Religionen ein. Darin liegt eine herausragende ökumenische Aufgabe.

Religionsfreiheit als Menschenrecht

Religionsfreiheit als universales, jedem Einzelnen zukommendes Menschenrecht fordert von allen Religionsgemeinschaften Anerkennung und Respekt gegenüber anderen religiösen Überzeugungen. Für die christlichen Kirchen in Europa ist dies die Grundlage ihres Umgangs mit anderen Religionen. Um der Freiheit und des inneren Friedens willen bestehen sie darauf, dass diese Grundlagen von allen Religionsgemeinschaften anerkannt werden. Wie sich die Religionen zueinander verhalten und wie sie ihre Dialoge gestalten, entscheidet mit darüber, ob unsere Welt ihre Probleme in Frieden bewältigen kann oder ob Gewalt sie ins Chaos stürzt. Deshalb hat man seit Beginn der Neuzeit erkannt, dass Religionsfreiheit zum Kern der Menschenrechte gehört.

Die Basis für geistige Freiheit, für Gewissensfreiheit und damit auch für die Freiheit der Religion liegt in der Menschenwürde. Nur wer frei ist, sich zwischen Gut und Böse, Recht und Unrecht selbstverantwortlich zu entscheiden, kann sein Leben in Freiheit unter Achtung der Menschenwürde seiner Mitmenschen entfalten.

Die Achtung der Menschenwürde erfordert aber auch die Gewährleistung der Religionsfreiheit durch den Staat. Dabei wäre die Religionsfreiheit verkannt, wenn man der negativen Religionsfreiheit – der Freiheit von der Religion – den Vorrang vor der positiven Religionsfreiheit – der Freiheit zur Religion – geben würde. Neben ihrer individuellen Seite hat die Religionsfreiheit auch eine korporative Seite. Religionsausübung ist darauf angelegt, dass sie in Gemeinschaft mit anderen geschieht. Wirkliche Religionsfreiheit herrscht in einem Gemeinwesen nur dann, wenn nicht nur der Einzelne für sich seine Religion frei wählen und ausüben kann, sondern wenn auch den Religionsgemeinschaften eine von staatlichen Behinderungen freie Entfaltung gewährleistet ist. Diese korporative Religionsfreiheit darf sich nicht auf die herrschende Mehrheitsreligion beschränken, sondern muss auch für religiöse Minderheiten gelten. Sie waren es, für die in der frühen Neuzeit die Religionsfreiheit zuallererst erfochten wurde.

Die Religionsfreiheit gilt in diesem Sinn vorbehaltlos, aber sie gilt nicht grenzen- oder schrankenlos. Grenzen muss die Freiheit der Religionsausübung durch die Religionsgemeinschaften wie die individuelle Religionsfreiheit dort finden, wo sie den inneren Frieden der Gesellschaft gefährdet und dadurch mit den Menschenrechten anderer oder mit verfassungsrechtlichen Grundlagen eines freiheitlichen, demokratischen Rechtsstaates kollidiert.

Nur der religiös neutrale Staat kann die volle Religionsfreiheit verfassungsrechtlich sichern. Ein religiös einseitig gebundener Staat, der sich einer Religion gegenüber in besonderer Weise verpflichtet weiß, läuft Gefahr, diese gegenüber anderen Religionen in seinem Staatsgebiet zu privilegieren. Aber es ist ein Missverständnis dieser staatlichen Religionsneutralität, wenn der Staat meint, er sei dadurch zur Ignoranz gegenüber der Religion, zur Gleichgültigkeit gegenüber ihrem Wirken, infolgedessen vielleicht auch zur Untätigkeit gegenüber ihrem möglichen Missbrauch verpflichtet. Vielmehr gibt es eine Pflicht des Staates, die Religion als Lebensmacht wahrzunehmen und sie ohne falsche Parteinahme zu fördern. „Fördernde Neutralität" hat das deutsche Bundesverfassungsgericht diese Haltung mit einem, wie ich finde, glücklichen Ausdruck genannt.

Um den Anspruch seiner Bürger und Bürgerinnen auf positive Religionsfreiheit gerecht werden zu können, ist der Staat in seinen Einrichtungen auf ein Zusammenwirken mit den Religionsgemeinschaften angewiesen: sei es in Fragen des Religionsunterrichts in der Schule, sei es in der Seelsorge in Krankenanstalten, an Soldaten der Bundeswehr, in Polizei und Grenzschutz, in Haftanstalten und Landeskrankenhäusern, sei es mit Blick auf theologische Fakultäten oder auch im Friedhofswesen. Die Förderung diakonischen Handelns in freier Trägerschaft durch Diakonie oder Caritas hat in Deutschland ihre spezifische Begründung im Subsidiaritätsprinzip, durch welches das Wirken freier Träger im sozialen Handeln ausdrücklich anerkannt und mit einem Anspruch auf staatliche Förderung ausgestattet wird.

Diese positive Förderung der Religionsausübung verstößt nicht gegen das Prinzip der religiösen Neutralität des Staates, solange der Grundsatz der Gleichbehandlung der Religionsgemeinschaften gewahrt bleibt. Im Blick auf die christlichen Kirchen hat man in diesem Zusammenhang auch von der „Parität" zwischen den Kirchen gesprochen. In dieser Parität liegt eine besondere Herausforderung zu ökumenischer Verständigung. Nur wenn die Kirchen eine gemeinsame Auffassung von ihrer öffentlichen Stellung und ihren Erwartungen an den Staat haben, besteht auch die Chance, dass diese Stellung gewahrt und diesen Erwartungen entsprochen wird. Das öffentliche Wirken der Kirchen ist deshalb ein besonders wichtiges Feld ökumenischer Kooperation.

Die christlichen Kirchen in Deutschland treten dafür ein,

dass die staatliche Religionsneutralität gewahrt bleibt. Sie tun dies unabhängig davon, ob Christen in anderen Staaten keine oder nur eine sehr eingeschränkte Religionsfreiheit eingeräumt wird oder ob Staaten tatenlos zusehen, wie Christen von Angehörigen anderer Religionen bedrängt und unterdrückt werden. Der Protest gegen solche Vorgänge ist nötig; und er sollte in ökumenischer Solidarität auch noch nachdrücklicher vorgebracht werden. Denn obwohl die Religionsfreiheit zum Kernbestand der Menschenrechte zählt, gehört die Unterdrückung von Menschen wegen ihrer religiösen Überzeugung heute in vielen Ländern zur politischen Realität. Die Evangelische Kirche in Deutschland hat in einer Studie zur Lage der Religionsfreiheit diese Unterdrückung im Einzelnen dargelegt. An den zum Teil bedrückenden Beispielen zeigt sich: Die Religionsfreiheit wird zur Nagelprobe für die Einstellung des Staates zur menschlichen Freiheit überhaupt.

Doch der notwendige Protest gegen die weltweiten Verletzungen der Religionsfreiheit ändert nichts am vorbehaltlosen Eintreten für die Religionsfreiheit im eigenen Land. Vielmehr legitimiert gerade diese Asymmetrie das gemeinsame Eintreten der Kirchen für die Religionsfreiheit weltweit. Dennoch würden sich „viele Menschen bei uns leichter an den Anblick von Moscheen gewöhnen können, wenn Christen in islamischen Ländern das gleiche Recht hätten, ihren Glauben zu leben und auch Kirchen zu bauen". Darauf hat der 2006 verstorbene Altbundespräsident Johannes Rau in einer Rede zum Geburtstag Lessings, die im Kern eine Rede zur Religionsfreiheit war, am 22. Januar 2004 zu Recht nachdrücklich hingewiesen.

Es entspricht dem Kern christlichen Glaubens, die Menschenwürde, die Menschenrechte und die Religionsfreiheit auch Menschen anderen Glaubens zuzusprechen. Damit aber erkennen die Kirchen zugleich das Existenzrecht anderer Religionen an, einschließlich ihres Anspruchs auf ein Wirken in der gesellschaftlichen Öffentlichkeit.

Das ist nicht schon immer so gewesen. Die Kirchen sind keineswegs die Avantgardisten politischer Freiheit und erst recht nicht der individuellen Religionsfreiheit. Die uns heute so selbstverständlich erscheinende Anerkennung der Religionsfreiheit als Menschenrecht ist in den christlichen Kirchen das Ergebnis eines langen, bisweilen recht schmerzhaften Entwicklungs- und Lernprozesses.

Die einschränkungslose Bejahung der individuellen wie der kollektiven, der negativen wie der positiven Religionsfreiheit ist ein Ergebnis des geistesgeschichtlichen Prozesses insbesondere seit der Reformation. Deshalb treten die Kirchen für die Religionsfreiheit weltweit ein. Die Menschenrechte bilden einen Schwerpunkt der christlichen Ethik. Heute wird mehr denn je von den Religionsgemeinschaften erwartet, dass sie aktiv mithelfen, Grundstrukturen zur Sicherung der Prinzipien der Zivilgesellschaft in den Ländern zu schaffen, in denen die Menschenrechte noch nicht verwirklicht sind. Hier setzen die Kirchen auf die Zusammenarbeit mit anderen Religionsgemeinschaften, insbesondere auch dem Islam. Dabei erwarten sie, dass andere Religionen in den Ländern, in denen die Christen in der Minderheit sind, sich ebenso für die freie Religionsausübung der christlichen Kirchen und gegen staatliche Behinderungen einsetzen. Es ist zu wünschen, dass sie das in demselben Maß tun, in dem sie in europäischen Staaten die Religionsfreiheit in Anspruch nehmen. Für die Kirchen ist dies auch ein Prüfstein für die Beitrittsverhandlungen der Europäischen Union mit der Türkei.

Religionsfreiheit im Islam

Ein Überblick über die islamische Welt zeigt, dass die Religionsfreiheit als individuelles Menschenrecht bisher im Islam nicht anerkannt ist. Zwar gibt es durchaus differenzierte Zugänge zu den Menschenrechten, die Religionsfreiheit eingeschlossen. Doch die Trennung von Religion und staatlicher Rechtsordnung, die eine elementare Voraussetzung für die Gewährleistung gleicher Menschenrechte bildet, vollzieht der Islam noch nicht. Vielmehr gilt: Der Staat ist organisierte Religion. Sein Recht ist religiöses Recht. Seine Quellen findet das Recht in der Religion. Das in der göttlichen Offenbarung gegebene Gesetz besitzt für Muslime abschließende und verbindliche Geltung. Es gilt als ein Ideal, das alle Aspekte der Lebenspraxis umgreift: das Bekenntnis des Glaubens, die gottesdienstliche Ordnung und rituelle Gebote ebenso wie Grundsätze für das Familien- und Strafrecht, schließlich für das Leben in der Gemeinschaft schlechthin. Zwar haben auch islamische Länder traditionelle Elemente des europäischen Rechtsdenkens in ihre Verfassungsordnungen aufgenommen; die Türkei hat die Scharia sogar ausdrücklich als Rechtsgrundlage der staatlichen Ordnung außer Geltung gesetzt. Dennoch lebt in der Vorstellung vieler Muslime das Bewusstsein, dass ihr gesamtes Leben und das der staatlichen Gemeinschaft nach Gottes „Rechtleitung" und damit nach den Vorschriften der Scharia geordnet sein müsse, wie es in der islamischen Urgemeinschaft der Fall gewesen sein mag. Daraus ergibt sich die Vorstellung von der Umma, der religiös geprägten Gemeinschaft, in die auch das politische Gemeinwesen eingeschlossen ist. Die Folgerung heißt: Zwar kann es Religionsfreiheit im Sinn eines Übertritts zum Islam geben; aus dem Islam auszuscheiden ist dagegen unmöglich. Wer es tut, macht sich des Abfalls vom wahren Glauben schuldig.

Zwar hat sich der Islam seit 1970 zunehmend auf die Diskussion um die Menschenrechte eingelassen. 1990 verabschiedete die Organisation der Islamischen Konferenz, ein Zusammenschluss islamischer Staaten, in Kairo die „Erklärung der Menschenrechte im Islam". Die Religionsfreiheit wird in diesem Dokument ausdrücklich negiert, indem das Verbot bekräftigt wird, sich zu einer anderen Religion als dem Islam zu bekehren oder sich dem Atheismus zuzuwenden. Im Übrigen ordnet diese Erklärung die Menschenrechte der Scharia unter.

Der hier deutlich werdende Unterschied im Verständnis der Religionsfreiheit ist von großer Bedeutung. Für die weitere europäische Entwicklung ist es dringend nötig, hier zu größerer Klarheit zu kommen. Der Islam in Europa muss in der öffentlichen Debatte um Menschenrechte und Gewalt Position beziehen und die Grundlagen der freiheitlichen Gesellschaftsordnung seinem eigenen Handeln verbindlich zugrunde legen. Diese Überzeugung leitet auch die Handreichung der Evangelischen Kirche in Deutschland, „Klarheit und gute Nachbarschaft", zum Verhältnis zwischen Christen und Muslimen.

Die Herausforderungen erneuern sich heute in globalem Horizont. Grundlegend bleibt die Einsicht in die Bedeutung der Religionsfreiheit als eines fundamentalen Menschenrechts. Grundlegend bleibt, dass die Pflicht zu gegenseitigem Respekt und gegenseitiger Achtung heute nicht nur das Verhältnis der christlichen Kirchen, sondern auch der Religionen zueinander prägen muss. Grundlegend bleibt deshalb auch die Pflicht zur Kritik überall dort, wo im Namen der Religion die Religionsfreiheit verletzt und die wechselseitige Achtung ignoriert wird. Grundlegend bleibt ebenso die Einsicht, dass Religion sich frei in der Öffentlichkeit entfalten muss, ohne sich auf den Raum des Privaten zu beschränken oder in eine undurchschaubare Grauzone zurückzuziehen.

Die Religionsgemeinschaften müssen nach ihrem Selbstverständnis als Kommunikations- und Zeugnisgemeinschaften in ihrem öffentlichen Auftreten dafür sorgen, dass Grundfragen des menschlichen Lebens und Handelns auf der Tagesordnung bleiben und dass im Konzert der Meinungen und Anschauungen ihre Stimme Gehör findet. In der öffentlichen Debatte findet die politische Willensbildung statt, die zum gesellschaftlichen Konsens führt. Alle Religionsgemeinschaften – also auch die Kirchen, die dies umso nachdrücklicher tun können, wenn sie gemeinsam agieren – sind aufgefordert, an der politischen Willensbildung teilzunehmen und ihre öffentliche Verantwortung für das Gemeinwesen insgesamt und nicht nur für ihre eigenen Mitglieder wahrzunehmen. Sie tragen eine politische Mitverantwortung. Gesellschaft und Politik sind in vielfältiger Weise mit Fragen konfrontiert, die ohne eine moralisch-sittliche Verankerung nicht beantwortet werden können.

3. Miteinander die Prägekraft des Christentums stärken

Christliche Grundhaltungen

Wenn von der Prägekraft des Christentums für die politische Kultur Europas gesprochen wird, geht es um die Werte und Normen, die von Christen und aus christlichen Glaubensgrundsätzen entwickelt wurden und ein weithin wirkungskräftiges Gemeingut im demokratischen Staat und seiner Gesellschaft sind und bleiben sollen. Dazu gehört die Würde der menschlichen Person, die als Grenze aller staatlichen Machtausübung, aber auch aller wirtschaftlichen Machtansprüche geltend gemacht wird. Die elementaren Menschenrechte müssen genannt werden, die unbeschadet ihrer Wurzeln nicht als europäisches Sondergut betrachtet werden, sondern mit der Allgemeinen Erklärung der Menschenrechte zu Grundelementen eines universalen Rechtsethos geworden sind. Ebenso geht es um eine Kultur der wechselseitigen Achtung, in der sichergestellt wird, dass Unterschiede der Überzeugung nicht mit Gewalt oder Unterdrückung, sondern in einer Atmosphäre der Toleranz und des Respekts ausgetragen werden. Die Rahmenbedingungen wirtschaftlichen Handelns gehören dazu, die den Grundvorstellungen einer sozialen Marktwirtschaft entsprechen. Und es geht um eine Atmosphäre des bürgerschaftlichen Engagements, das sich auch in der Mitwirkung und Mitbeteiligung am Aufbau und der Entfaltung der Demokratie zeigt.

Die wirkungsvolle Mitarbeit zahlloser Christen und aktiver Kirchenleute am Aufbau und an der Erhaltung der Demokratie in vielen europäischen Ländern entspricht der theologisch und ethisch begründeten positiven Beziehung von Christen zum demokratischen Staat und der Nähe seiner Grundorientierung zum „christlichen Menschenbild". Für den Bereich des deutschen Protestantismus hat dies die Denkschrift „Evangelische Kirche und freiheitliche Demokratie" im Jahr 1985 gezeigt. Gemeinsam haben evangelische und katholische Kirche in Deutschland mit der Erklärung „Demokratie braucht Tugenden" ihr Eintreten für die Demokratie im Jahr 2006 bekräftigt. Christen und ihre Kirchen haben zum gedeihlichen Zusammenleben der Bürgerinnen und Bürger im demokratischen Staat viel beigetragen und werden dies auch weiterhin tun.

In der Bindung an das Evangelium und in der Verwurzelung im kirchlichen Leben haben sehr viele Menschen während der beiden Diktaturen in Deutschland eine Kraft empfangen, die sie vor der Unterwerfung unter totalitäre Ansprüche bewahrt hat. Das mit der Demokratie unvereinbare Übel des Totalitarismus abzuwehren, ist für Christen auch heute ein unabdingbar geltendes Gebot. Die Kritik an kirchlichen Haltungen und Handlungen, die es an dieser Bereitschaft zum Widerstand haben fehlen lassen, ist gerade aus Gründen des christlichen Glaubens selbst unabdingbar. Die Berufung auf christliche Werte und Grundhaltungen schließt stets die Bereitschaft zur selbstkritischen Prüfung, zu Buße und Neubeginn ein.

Die Rede von der „Prägekraft des Christentums" bezeichnet kein Monopol der Kirchen für die Vertretung von grundlegenden Werten und Überzeugungen in der politischen Kultur und gegenüber dem Staat. Aber sie erinnert beide Kirchen an ihre Verpflichtung gegenüber dem Gemeinwohl und verpflichtet den Staat zum achtsamen Umgang mit den Voraussetzungen, auf die er selber angewiesen ist, ohne sie seinerseits hervorbringen zu können.

Der christliche Glaube hat mehr zum Inhalt als nur kulturelle Werte. Sein Kern ist die Gottesbeziehung und damit, wie Eberhard Jüngel das pointiert ausgedrückt hat, eine „wert-lose" Wahrheit. Wenn nach dem Beitrag der christlichen Tradition zu den christlichen Werten Europas gefragt wird, so ist immer darauf zu achten, dass sich das Verhältnis zwischen der Wahrheit des Glaubens und den Werten, die sich aus ihr ergeben, nicht umkehrt. Wenn das geschähe, würde der Glaube sich selbst scheinbar überflüssig machen. Die Werte, die in seinem Namen vertreten werden, würden zugleich ihre Grundlage einbüßen. Die moralische Bedeutung des christlichen Glaubens hängt unaufgebbar an seinem transmoralischen Kern.

Christliche Werte

Um welche Werte handelt es sich dabei? Welche Werte und Normen sind im Blick, wenn in Deutschland beispielsweise das Bundesverfassungsgericht davon spricht, dass die „überragende Prägekraft" anzuerkennen sei, die dem christlichen Glauben und den christlichen Kirchen für das politische Zusammenleben zukommt? An der Spitze dieser Werte steht die Würde des Menschen, die darin begründet ist, dass der Mensch von Gott geschaffen und im schöpferischen Wort zur Antwort befähigt und berufen ist. Diese göttliche Anrede gilt jedem Menschen in gleicher Weise; daraus ergibt sich die grundsätzliche Gleichheit in der Rechtstellung jedes einzelnen Menschen. Dass keinem Menschen das Recht vorenthalten werden soll, Rechte zu haben, ergibt sich daraus ebenso wie eine Ausgestaltung der Menschenrechte, in der Freiheit und Gleichheit miteinander verbunden sind. Zwar sind die Menschenrechte historisch weithin zunächst gegen die Kirchen oder in Distanz zu ihnen formuliert und durchgesetzt worden; dennoch verdanken sie sich Impulsen, die unlöslich mit dem christlichen Bild vom Menschen zusammenhängen.

Ähnliches ließe sich in Ergänzung zu dem oben Ausgeführten über den Grundsatz der Toleranz sagen. Im christlichen Verständnis hat er seinen Ursprung in der Vorstellung von der „Toleranz Gottes". Damit ist gemeint, dass Gott den Menschen, der sich in seiner Gottlosigkeit von ihm abgewandt hat, gleichwohl „erträgt", ihn also nicht seiner Gottlosigkeit überlässt. Da es niemanden gibt, der von dieser göttlichen Toleranz ausgeschlossen wäre, kennt der christliche Glaube einen genuinen Zugang zur Toleranz, der darin gründet, dass jeder Mensch – unabhängig von seinen subjektiven Voraussetzungen, also auch von den Voraussetzungen seines persönlichen Bekenntnisses – im Wirkungshorizont der göttlichen Liebe existiert. Aber auch im Blick auf diesen Grundsatz der Toleranz gilt, dass er in einer innerchristlichen Konfliktgeschichte gegen eine im Namen der Kirche selbst praktizierte Intoleranz zur Geltung gebracht werden musste. In ihr sind Einzelpersonen und christliche Minderheiten den großen Kirchen voran gegangen. Die Befürworter der Toleranz konnten sich dabei mit gutem Recht vor allem auf die christlichen Reformbewegungen berufen, die Reformation des 16. Jahrhunderts eingeschlossen. Luthers These von der Freiheit des in Gottes Wort gebundenen Gewissens hat sich dadurch in besonderer Weise auf die Entwicklung der neuzeitlichen politischen Kultur ausgewirkt.

Zwar sind Luthers eigene Äußerungen – insbesondere über die Juden, die Papisten oder die Bauern – nicht gerade von Toleranz geprägt; und die Reformation insgesamt hat zu äußerst intoleranten Akten – bis hin zur Verbrennung von

Dissidenten – geführt. Aber der Ansatz der Reformation enthält in seiner Konsequenz nicht nur die Möglichkeit, sondern auch die Verpflichtung zur Toleranz. Dies ergibt sich aus der Art und Weise, in welcher schon bei Luther Gewissensbildung und Gewissensfreiheit miteinander verknüpft sind. Dies geschieht nämlich in einer Weise, die jeden Gewissenszwang ausschließt. Der Kirche wird aufgetragen, für die Wahrheit des Evangeliums „ohne Zwang, allein durch das Wort" einzutreten. Im Blick auf den Staat aber stellt Luther klar, dass seine legitime Macht an der Gewissensbindung des Einzelnen seine Grenzen hat; soweit er den Versuch unternimmt, einen Zwang in Glaubensfragen auszuüben, ist man ihm deshalb nicht zum Gehorsam verpflichtet. „Hier stehe ich, ich kann nicht anders": Es ist durchaus sachgemäß, dass Luthers Aussage vor dem Reichstag in Worms im Jahre 1521 zum symbolischen Bezugspunkt für eine Kultur der Gewissensfreiheit und der Toleranz wurde.

Blickt man auf die spätere Entfaltung des Toleranzgedankens, so kann man in ihm systematisch drei Ebenen unterscheiden, die persönliche, die gesellschaftliche und die politische Toleranz. Die persönliche Toleranz ist dabei zu verstehen als eine überzeugte, nicht als eine indifferente Toleranz. Denn sonst wäre es keine Toleranz, die aus der Gewissensfreiheit folgt; handelt es sich bei ihr doch gerade um die Freiheit zur Bildung eigener Überzeugung und zur Bindung an sie. Die gesellschaftliche Toleranz, die aus ihr folgt, zielt auf eine wechselseitige Achtung von Überzeugungen und Lebensformen, nicht auf den Verzicht darauf. Die politische Toleranz schließlich hat ihren Sinn darin, solche gesellschaftliche Toleranz zu ermöglichen, also einen gesellschaftlichen Raum zu schaffen, in dem sich Überzeugungen bilden und entfalten können. Dem dient die Gewährleistung der Religionsfreiheit.

Ein solches Konzept von Toleranz legt ein Verhältnis von Staat und Kirche nahe, das nicht allein im Laizismus seine adäquate Entsprechung finden kann. Allgemein lässt es sich vielmehr als ein Verhältnis wechselseitiger Unabhängigkeit und staatlicher Religionsneutralität verstehen, das eine staatliche Anerkennung gelebter Überzeugungen und ihrer gesellschaftlichen Bedeutung einschließt. Doch vorausgesetzt ist dabei die Nichtidentifikation des Staates mit solchen Überzeugungen. Das erfordert von den Repräsentanten des Staates Zurückhaltung in der Vertretung und Präsentation ihrer persönlichen Glaubenshaltungen. Um dieses Verhältnis zwischen positiver Religionsfreiheit und Mäßigungsgebot geht es in einer Reihe europäischer Länder gegenwärtig beispielhaft im Streit um das Kopftuch muslimischer Lehrerinnen. In einer sehr spezifischen Weise steht dabei die Zukunft der Toleranz auf dem Spiel.

Freiheit und Verantwortung lassen sich als weitere Grundelemente dessen bezeichnen, was wir „christliche Werte" nennen. Die Art und Weise, in der beide durch die Reformation im Begriff des Gewissens miteinander verknüpft wurden, hat dazu beigetragen, dass auch im Blick auf das gesellschaftliche Handeln insgesamt Eigenverantwortung mit Solidarität und Gerechtigkeit verknüpft wurden. Das Bild von Ehe und Familie, all seine Wandlungen eingerechnet, ist davon ebenso geprägt wie das Konzept einer „sozialen Marktwirtschaft", bei dessen Entstehung christlich motivierte Denker eine erhebliche Rolle spielten. Von daher haben die Kirchen zu der Aufgabe, eine soziale Gesellschaft und einen sozialen Staat zu entwickeln und zu erhalten, eine besondere Nähe. Neben dieser Orientierung an den Aufgaben der sozialen Gerechtigkeit haben die Verantwortung für den Frieden und die Bewahrung der Natur im christlichen Sozialethos der vergangenen Jahrzehnte eine herausragende Bedeutung gewonnen.

Freiheit und Verantwortung gehören in diesem Bild vom Menschen unmittelbar zusammen. Sie miteinander zu verbinden, ist aber ebenso die Grundidee der Demokratie. Nachdem mit dem Ende der kommunistischen Diktaturen in Europa auch das kollektivistische Menschenbild ein Ende gefunden hat, besteht die große Aufgabe darin, ein Menschenbild zu entwickeln und zu fördern, welches Freiheit und Verantwortung in ihrem Zusammenhang sieht. Daraus, dass der Kollektivismus hinter uns liegt, folgt keineswegs zwangsläufig, dass nun einem isolierten Individualismus das Feld zu überlassen sei. Denn eine Freiheitsauffassung, für welche das Wesen der Freiheit in ihrem willkürlichen Gebrauch besteht, löst sich nicht nur aus der Verbindung mit einem christlichen Begriff der Freiheit, sondern aus der europäischen Tradition überhaupt. Auch die Aufklärung beispielsweise bekennt sich dazu, dass der vernünftige Gebrauch der Freiheit dem gemeinsamen Leben mit anderen nicht entgegensteht. Gerade in ihrer Freiheit ist die einzelne Person auf ihr Zusammensein mit anderen angelegt. Deshalb hebt die Vorstellung von der Autonomie der freien und selbstbestimmten Person die Verantwortung für das gemeinsame Leben nicht auf, sondern begründet sie. In diesem Sinn erwächst die Verantwortung aus der Freiheit.

Schließlich bringt der christliche Glaube auch in die Welt des Rechts, der Ausübung der Macht und der Verfolgung des eigenen Vorteils das Motiv der Nächstenliebe ein. In ihm hat das Ethos der zehn Gebote seine christliche Zusammenfassung gefunden. Zu seinen grundlegenden Impulsen gehört die Aufforderung, eine Situation aus der Perspektive des anderen, des Unterlegenen, des Schwächeren anzusehen. Die Goldene Regel – nach welcher man den anderen so behandeln soll, wie man auch selbst behandelt zu werden erhofft (Matthäus 7, 12) – ist wohl das wirksamste Moralprinzip geworden, das, wenn nicht allein christlichen Ursprungs, doch durch das Christentum vermittelt wurde. Die Kultur des Helfens, die vor allem durch die karitativen Einrichtungen der christlichen Kirchen gefördert worden ist und auch heute durch solche Einrichtungen in großer Breite repräsentiert wird, bildet eine unentbehrliche Stütze für die Humanität in der Gesellschaft.

4. Der weltweite Horizont

Solche Werthaltungen, die von den Kirchen in großer Übereinstimmung vertreten werden, sind heute im Horizont weltweiter Entwicklungen zu vertreten, für deren Charakterisierung immer wieder der Begriff der Globalisierung verwendet wird. Freilich ist dieser Begriff durch eine tief liegende Ambivalenz geprägt. An exemplarischen Beispielen sei das knapp verdeutlicht.

Globalisierung

Im Februar 2006 demonstrierten in Peshawar, einer Stadt in Pakistan, siebzigtausend Menschen gegen Karikaturen, die in Kopenhagen veröffentlicht worden waren. Dabei setzten sie das Büro eines norwegischen Mobilfunkunternehmens in Brand, um der Empörung über eine dänische Zeitung

Ausdruck zu geben. Das sind erschreckende Zeichen für die globale Wirklichkeit, in der wir leben. Ebenfalls in Pakistan wurden zur Fußballweltmeisterschaft in Deutschland mehr als elftausend Bälle hergestellt, die im Auftrag der Evangelischen Kirche in Deutschland fair gehandelt wurden. Auch das ist ein Zeichen für die globale Wirklichkeit, in der wir leben.

Die Globalisierung hat viele Gesichter. Zu ihnen gehört, dass Hass weltweit organisiert und verbreitet werden kann. Zu ihnen gehört aber auch, dass innerhalb weniger Stunden eine weltweite Hilfsaktion für die Opfer des Tsunami rund um den Indischen Ozean aufgebaut wurde. Zu diesen Gesichtern gehört, dass Wirtschaftsbeziehungen Wohlstand fördern und Menschen eine auskömmliche Arbeit ermöglichen. Zu ihnen gehört aber auch, dass wirtschaftliche Macht egoistisch eingesetzt und dadurch wirtschaftliche Gerechtigkeit verhindert wird. Wer von der Globalisierung redet, muss beide Seiten sehen: die Chancen wie die Gefahren der gegenwärtigen Weltentwicklung.

Wir leben in einer Zeit, in der die Weltwirtschaft insgesamt wächst, was in einigen Teilen der Welt auch zu einer Verbesserung des Lebensstandards, zu einer Erhöhung der Lebenserwartung und zu einer Steigerung des Bildungsniveaus führt. Zugleich aber setzt sich die krasse und menschenunwürdige Armut von über einer Milliarde Menschen weiter fort; in vielen Teilen der Erde wächst die soziale Ungleichheit, wie die Vereinten Nationen in ihrem Weltsozialbericht deutlich gemacht haben. Die natürlichen Lebensgrundlagen werden in einer Weise ausgebeutet, die den elementaren Geboten der Nachhaltigkeit widerspricht. Die wachsende Armut in vielen Teilen unserer Welt ist für jeden Christen ein Skandal. Für uns in Europa sind Afrika und

Osteuropa zwei Beispiele dafür, die uns besonders herausfordern. Die Vollversammlung des Ökumenischen Rats der Kirchen, die im Februar 2006 in Porto Alegre stattfand, lenkte die Aufmerksamkeit ganz besonders auf die wachsende Armut in Lateinamerika. Der weltweite Skandal der Armut muss uns umso mehr aufrütteln, als wir, wie noch keine Generation vor uns, die Möglichkeit dazu haben, strukturelle Armut zu überwinden und die Welt gerechter zu gestalten.

In Fragen der wirtschaftlichen Gerechtigkeit ist der christliche Glaube nicht neutral. Er fügt sich nicht einem Allmachtsanspruch der Ökonomie; denn er bekennt sich zu Christus als dem einen Herrn der Welt. Er überlässt das wirtschaftliche Handeln nicht seinen eigenen Gesetzen; denn er richtet sich an Gottes Gebot aus. Menschenwürde, Menschenrechte und soziale Gerechtigkeit sind die elementaren Werte, an denen wirtschaftliches Handeln zu messen ist. Die Globalisierung unserer Welt prüfen wir als Christen an der Frage, ob sie ein menschenwürdiges Leben fördert, der menschlichen Freiheit dient und kulturelle Vielfalt ermöglicht. Deshalb bringen wir die Ungerechtigkeiten, die mit gegenwärtigen wirtschaftlichen Machtverhältnissen verbunden sind, zur Sprache.

Eine Globalisierung, die ethisch zu akzeptieren ist, schließt alle ein und spaltet die Menschheit nicht in Gewinner und Verlierer, in Reiche und Arme. Dafür setzen wir uns in der weltweiten Gemeinschaft der Christenheit ein, die durch das eine Gebet Jesu verbunden ist, durch das Gebet, das die Bitte um das tägliche Brot für alle einschließt. Die weltweite Christenheit ist nicht ein *global player*, sondern ein *global prayer*. Aus der Kraft des Gebets arbeitet sie für wirtschaftliche Strukturen, die allen zu Gute kommen.

„Es gibt doch nun einmal Dinge, für die es sich lohnt kompromisslos einzustehen. Und mir scheint, der Friede und soziale Gerechtigkeit, oder eigentlich Christus, sei so etwas." So hat Dietrich Bonhoeffer die elementare Verpflichtung jedes Christen beschrieben. Im Horizont dieser Verpflichtung ist die Wirtschaft nur ein Teil des Lebens, nicht das Ganze. Die Diskussion über Fragen der Globalisierung darf nicht allein auf wirtschaftliche Aspekte beschränkt werden. Die christlichen Kirchen dürfen sich nicht der Ökonomisierung des Denkens ausliefern, die sich in unserer Welt ausbreitet. Wirtschaftliche Entscheidungen erzeugen keine ethischen Werte; Solidarität kann nicht durch den Markt entstehen. Wirtschaftliche Gerechtigkeit ist überhaupt nur dann möglich, wenn die Zivilgesellschaft ihre eigenständige Bedeutung behält und neue Kraft entwickelt. Sie kann sich nur entfalten, wenn der Staat die Bedingungen für menschliche Solidarität fördert und den Schwächeren beisteht. Geeignete politische Rahmenbedingungen sind nötig, damit sozialer Ausgleich geschaffen und der Zusammenhalt in der Gesellschaft gefördert wird.

Die weltweite ökumenische Bewegung hat, insbesondere seit der Vollversammlung des Ökumenischen Rats der Kirchen in Harare 1998, den Prozess der Globalisierung intensiv diskutiert. Das geschah unter dem Leitwort der *Agape*, der Liebe zum Nächsten. Die Leitfrage solcher Überlegungen muss sein, wie die biblische Option für die Armen und wirtschaftlicher Sachverstand sinnvoll aufeinander bezogen werden können. Zu einem überzeugenden Ergebnis sind diese Überlegungen noch nicht gekommen. Dabei drängen vor allem junge Menschen darauf, dass alternative Handlungsmöglichkeiten entwickelt werden, die umsetzbar sind und in der weltweiten Debatte Gehör finden. Auch Christen, die selbst wirtschaftliche Verantwortung tragen oder in internationalen Institutionen arbeiten, hoffen in dieser Hinsicht auf die Stimme ihrer Kirchen. Denn sie wollen sich beteiligen an einer Globalisierung der Gerechtigkeit und der Solidarität.

Aktuelle Bezüge

Deshalb ist es dringlich, Handlungsmöglichkeiten in Europa zu entwickeln, die in einer erkennbaren Weise auf diesen globalen Horizont bezogen sind. Einige Bezüge dieser Art sollen abschließend knapp skizziert werden. Vollständigkeit wird mit ihnen nicht erstrebt; aber sie beschreiben einen Horizont, in dem die Kirchen gemeinsam auf die Herausforderungen reagieren können, vor denen sie in unserer globalisierten Welt stehen. Europäische Nachbarschafts- und Flüchtlingspolitik, die Weiterentwicklung der europäischen Entwicklungszusammenarbeit, der Umgang mit den Folgen des Klimawandels sowie die Aufgaben einer europäischen Friedens- und Sicherheitspolitik sind Beispiele für heute konkret anstehende Handlungsfelder.

Ausgelöst durch den globalen Wettbewerb, aber ebenso in Folge der weltweiten Migration finden sich heute alle mit der Globalisierung verbundenen Herausforderungen auch in Europa selbst. Das zeigt sich am deutlichsten in der wachsenden Armut in Europa. Die Kirchen setzen sich gegen Entwicklungen zur Wehr, die zum Ausschluss nicht nur einzelner, sondern ganzer Gruppen von den Möglichkeiten gesellschaftlicher Beteiligung führen. Um eine Zukunft in Solidarität und Gerechtigkeit hat das Gemeinsame Wort zur wirtschaftlichen und sozialen Lage der Evangelischen Kirche

in Deutschland und der katholischen Deutschen Bischofskonferenz im Jahr 1997 geworben. Wirtschaft, Bildung, Familie, Diakonie, Kirchengemeinden sind die fünf Felder,
auf die sich die Vorschläge beziehen, die die Evangelische
Kirche in Deutschland dazu im Sommer 2006 in einer Denkschrift über „Gerechte Teilhabe" vorgelegt hat. Die Synode
der EKD hat im gleichen Jahr daran erinnert, dass wir als
Gottes Ebenbilder mit gleicher Würde begabt sind. Es gibt
Lebenssituationen in Armut, die der Würde des Menschen
Hohn sprechen; und es gibt ebenso auch ein falsches Vertrauen auf Reichtum und einen nicht zu rechtfertigenden
Umgang mit ihm.

Wir Menschen sind von Gott aneinander gewiesen und
tragen füreinander Verantwortung. Einzelne oder ganze
Gruppen vom gemeinsamen Leben auszuschließen und ihnen die Teilhabe zu verweigern, ist Sünde vor Gott. Gott
traut uns zu, Europa gerecht zu gestalten und seinen Reichtum zum Wohle aller einzusetzen.

II. Positionen klären

Gerade im Kontext europäischer Herausforderungen konnten im letzten halben Jahrhundert viele Gemeinsamkeiten zwischen den christlichen Kirchen ins Bewusstsein gehoben werden. Frühere gegenseitige Verurteilungen wurden überwunden. Miteinander wurde Verantwortung wahrgenommen. Heute stellt sich die Frage, wie sich die jeweils eigenen Überzeugungen und Grundsätze der Kirchen dabei geklärt und weiter entwickelt haben. Dazu soll das folgende Kapitel einen Beitrag leisten. Den Ausgangspunkt bildet das Thema, das derzeit unter der reichlich plakativen Überschrift einer „Wiederkehr der Religion" beschrieben wird. Mit ihm verbindet sich die Frage, ob die europäische Säkularisierung ein Irrweg war, der nun – angesichts einer Wiederkehr der Religion – wieder zu verlassen ist, oder ob mit dieser Säkularisierung Errungenschaften, vor allem solche der persönlichen Freiheit, verbunden sind, die gerade nicht preisgegeben werden dürfen. Auch in der neu entflammten Debatte über das Verhältnis von Glauben und Vernunft geht es im Kern um die – durchaus strittige – Frage nach dem Verhältnis des christlichen Glaubens zur Welt der Moderne. In den Auseinandersetzungen um ethische Fragen zeigen sich nach wie vor unterschiedliche konfessionelle Profile in der Bestimmung des Verhältnisses zwischen der Gewissensverantwortung des einzelnen und der Lehrautorität der Kirche; auch dies kann man als eine Spielart des Verhältnisses zwischen dem christlichen Glauben und der Moderne deuten.

Die Klärung solcher Punkte erfolgt in diesem Kapitel aus

einem Geist, den die Synode der Evangelischen Kirche in Deutschland im Jahr 2000 in einer Erklärung zur Zukunft der Ökumene folgendermaßen beschrieben hat: Nicht die Verschiedenheit, sondern die Trennung der Kirchen von einander muss überwunden werden. Erst die Überwindung der Trennung wird den Reichtum der Vielfalt zum Segen aller Kirchen zur Entfaltung bringen. Die Vertiefung der Gemeinschaft zwischen den Kirchen ist dafür unerlässlich. Ebenso wie die gemeinsame Antwort auf die Herausforderungen, vor denen die Kirchen stehen, lässt sich die Beschäftigung mit unterschiedlichen konfessionellen Kulturen als ein Beitrag zu dieser Gemeinschaft verstehen.

In diesem Geist geht es im folgenden Kapitel darum, Positionen zu klären.

1. Wiederkehr der Religion

Mit Erstaunen wird die „Wiederkehr der Religion" vor allem von denen wahrgenommen, die der Auffassung waren, dass die neuzeitliche Entwicklung durch eine Säkularisierung geprägt sei, welche die Religion in der modernen Gesellschaft ortlos und überflüssig mache. Häufig wurde diese Säkularisierungsbehauptung mit einem globalen Anspruch versehen, obwohl doch die empirischen Befunde, auf die man sich dafür berufen konnte – die Entkirchlichung beispielsweise in Westeuropa, in Australien oder in Neuseeland – keineswegs eine solche globale Dimension haben. Wollte man diese Entwicklungen überhaupt mit dem Begriff der Säkularisierung belegen, so hätte man zumindest mit der gleichen Aufmerksamkeit auf Prozesse der „Desäkularisierung" achten müssen: auf Erweckungsbewegungen im

19. Jahrhundert, auf den neu aufkommenden christlichen Fundamentalismus des 20. Jahrhunderts, auf die ökumenischen Aufbruchsbewegungen in den Kirchen, auf die islamistische Revolution, auf das Wachstum aller großen Weltreligionen und vieles andere mehr.

Nach einer verbreiteten Vorstellung ist die „säkulare" Gesellschaft dadurch ausgezeichnet, dass sie auf Religion nicht angewiesen ist. Dieses Gesellschaftsbild bestimmte den Staatssozialismus in der Sowjetunion und ihren Satellitenstaaten; es hat aber auch im Postkommunismus ebenso Anhänger wie bei laizistisch geprägten westlichen Intellektuellen. Diese Vorstellung von der „säkularen" Gesellschaft hat die nahe liegende Reaktion ausgelöst, dass im Namen der Religion dem Säkularismus oder auch der Säkularisation der Kampf angesagt wurde – denn sie war doch selbst zur Gegnerin der Religion stilisiert worden.

Doch die Gefahr ist groß, dass dabei das Kind mit dem Bade ausgeschüttet wird. Deshalb ist eine begriffliche Klärung erforderlich.

Säkularisierung

Der Begriff der Säkularisierung wird so vielfältig gebraucht, dass es ihm oft an klaren Konturen fehlt. Nur sein staatskirchenrechtlicher Sinn ist relativ klar, seit der Herzog von Longueville, der französische Botschafter bei den Friedensverhandlungen, die dem Dreißigjährigen Krieg ein Ende machen sollten, diesen Begriff in Münster am 8. Mai 1646 zum ersten Mal beiläufig einfließen ließ. Bis dahin meinte *saecularisatio* den Übergang eines Mönchs in den Stand des Weltpriesters, seinen Wechsel vom *status regularis* in den *status sae-*

cularis. Nun erklärte der Herzog von Longueville, die katholischen Mächte könnten hinsichtlich geistlicher Güter, die der katholischen Kirche entzogen – „secularisiret" – würden, keinen „ewigen" Vergleich ohne ausdrückliche Zustimmung des Papstes abschließen. Die Aufhebung geistlicher Fürstentümer und die Einziehung von Kirchengut durch protestantische Reichsstände war also das Thema.

Ähnlich war es bei der großen Säkularisation der Jahre 1802/03. Dabei bezeichnete seit dem Reichsdeputationshauptschluss vom 25. Februar 1803 Säkularisation nicht nur die Überführung von Gütern, sondern auch von Regentenfunktionen in weltliche Hände. Beides traf vor allem die katholischen Stände und Bistümer. Die durch den Reichsdeputationshauptschluss vollzogene Säkularisierung führte folgerichtig das Ende des Heiligen Römischen Reiches herbei, das im Jahr 1806 besiegelt wurde.

Damit waren die Voraussetzungen für eine weitergehende Verwendung des Begriffs der Säkularisierung gegeben. In den Vordergrund treten dabei vor allem drei Aspekte: die Aufgabe, eine Verfassungsordnung zu entwickeln, in der weltliche Herrschaft nicht mehr geistlich begründet wird, die aber gleichwohl nicht nur die Freiheit von der Religion, sondern auch die Freiheit zur Religion gewährleistet; sodann die Emanzipation der sich differenzierenden und pluralisierenden Gesellschaft von der weltlichen Herrschaft der Religion oder religiöser Institutionen; schließlich die Verwandlung von Glaubensinhalten in Themen weltlicher Verständigung. Der Begriff hat sich in der Folgezeit noch weiter ausdifferenziert; aber diese drei Verwendungsweisen bleiben grundlegend. Wer mit dem Begriff umgeht, sollte tunlichst angeben, welchen dieser Aspekte er dabei im Sinn hat.

Im Blick auf den ersten Aspekt, also die politische Ordnung, hat der Prozess der Säkularisierung zu einer aufgeklärten Säkularität geführt, die man heute auch aus Gründen des christlichen Glaubens aktiv vertreten und verfechten muss. Denn diese aufgeklärte Säkularität und die mit ihr verbundene prinzipielle Unterscheidung zwischen Staat und Religion hat sich als unumgängliche Voraussetzung für die Achtung der gleichen Würde jedes Menschen wie für die Wahrung der Religionsfreiheit erwiesen. Ein aktives Eintreten für aufgeklärte Säkularität ist heute gegenüber muslimischen Gesprächspartnern genauso notwendig wie gegenüber Verfechtern eines staatlichen Laizismus, der sich unter Umständen sehr gut mit Bestimmungsansprüchen über den Bereich der Religion verbinden kann.

Der zweite Aspekt der Säkularisierung kommt in den Blick, wenn von einer „Säkularisierung der Gesellschaft" die Rede ist, die mit einem rasanten Bedeutungsverlust der Kirchen verbunden sei. In diesem Sinne ist „Säkularisierung" immer wieder zu einem Synonym für die Zukunftslosigkeit des christlichen Glaubens geworden. Er habe, so wird gesagt, keine Zukunft, weil die Menschen nicht nach ihm fragen. Darauf wird noch zurückzukommen sein.

Es gibt eine Betrachtungsweise, die einen solchen Vorgang deshalb mit Gelassenheit sieht, weil dank einer „Umbesetzung" (Hans Blumenberg) die Gehalte des christlichen Glaubens gleichwohl aufbewahrt werden. Diese Betrachtungsweise orientiert sich am dritten Aspekt des Säkularisierungsbegriffs, nämlich an der Umdeutung christlicher Gehalte zu Themen weltlicher Verständigung. Genau dieser Vorgang ist nun allerdings am allerwenigsten dazu geeignet, aus der Säkularisierung auf eine Zukunftslosigkeit des christlichen Glaubens zu schließen. Dass Gehalte des christlichen Glaubens weltliche Entsprechungen finden, kann vielmehr gerade ein Hinweis auf deren nicht abgegoltene Kraft sein. Dass die Gottebenbildlichkeit des Menschen in der Vorstellung einer unantastbaren Würde oder die Verheißung einer Gemeinschaft, in der nicht Jude noch Grieche, nicht Mann noch Frau ist (Galater 3, 28), im Gedanken einer „herrschaftsfreien Kommunikationsgemeinschaft" (Jürgen Habermas) wiederkehren, lässt gerade nicht auf die Schwäche der Ursprungsmotive schließen. Sie müssen allerdings immer wieder in ihrem ursprünglichen, jede Säkularisierung überschreitenden Gehalt erkennbar gemacht werden.

„Gott lässt sich nicht säkularisieren", hat der Theologe Christof Gestrich zu Recht in diesem Zusammenhang festgestellt. Deshalb ist es ein Trugschluss, wenn die Kirche auf die Säkularisierung der ihr anvertrauten Glaubensgehalte mit einer Selbstsäkularisierung antwortet, statt unter der Asche der Säkularisierung die Glut der ursprünglichen Glaubensmotive freizulegen.

Im Blick auf die drei Aspekte der Säkularisierung, die ich unterschieden habe, lässt sich also festhalten:

Die Säkularisierung der politischen Ordnung ist eine Bedingung der Freiheit, auch der Religionsfreiheit. Diese Säkularisierung entspricht einem Motiv des christlichen Glaubens selbst: dem Respekt vor der gleichen Freiheit jedes Menschen. Dass Menschen in Freiheit zu ihrem Glauben Ja sagen, ist insbesondere im evangelischen Verständnis nicht Ausdruck einer Verfallsgeschichte, sondern es entspricht der Mündigkeit des Menschen, der auch in Glaubensfragen ein Recht darauf hat, von seiner Freiheit einen eigenständigen Gebrauch zu machen.

Die Säkularisierung im Sinn einer Transformation von Gehalten des Glaubens in Themen weltlicher Verständigung entzieht dem Glauben keineswegs seine Wahrheitskraft, sondern bezeugt sie. Sie sollte zum Anlass genommen werden, das für die Entschlüsselung solcher Vorgänge nötige Glaubenswissen wieder zum Bewusstsein zu bringen, statt in einem Gestus der Selbstvergleichgültigung darauf zu verzichten. Diese Art der Säkularisierung stellt also eine große Herausforderung wie eine große Chance christlicher Bildungsanstrengungen dar.

Es bleibt also, sich mit dem dritten Aspekt und damit mit der These auseinander zu setzen, der christliche Glaube oder auch allgemeiner die Religion seien in der modernen Gesellschaft funktionslos geworden. Das ist eine These, die Säkularisierung mit der Entkirchlichung der Gesellschaft gleichsetzt.

Die Antwort der Kirchen

Die Säkularisierung in diesem Sinn ist auch als „entleerende Säkularisierung" bezeichnet worden. Ihr hat Jürgen Habermas die Diagnose einer postsäkularen Situation entgegengestellt. Damit wollte er sowohl dem Tatbestand Rechnung tragen, dass Religion sich auf der weltpolitischen Bühne mit einer geradezu atemberaubenden Dramatik zurückgemeldet hat, also jenem Umstand Genüge tun, den der Religionssoziologe Peter L. Berger als „Desäkularisierung" bezeichnet hat. Und er wollte zugleich auf denjenigen Orientierungsbedarf Rücksicht nehmen, der gerade unter den Bedingungen der Moderne auf die Quellen des Glaubens zurückgreift. Aus diesem Grund hat Habermas sich für ein aufschiebendes Veto von Minderheiten mit religiös bestimmten moralischen Überzeugungen in der bioethischen Debatte ausgesprochen.

Freilich hat die Rede von einer postsäkularen gesellschaftlichen Situation nur dann einen Sinn, wenn zuvor eine säkulare gesellschaftliche Lage bestanden hat. Dafür, von einer „säkularen Gesellschaft" zu sprechen, gibt es jedoch, wie Hans Joas in einer Erwiderung auf Jürgen Habermas gezeigt hat, keine starken Gründe. Der Begriff „postsäkular", so hat er spitz erklärt, „drückt ... nicht eine plötzliche Zunahme an Religiosität nach ihrer epochalen Abnahme aus – sondern eher einen Bewusstseinswandel derer, die sich berechtigt gefühlt hatten, die Religionen als moribund zu betrachten."

Ein bisschen übertrieben ist das auch. Zwar stimmt es, dass man in einer globalen Perspektive nicht von einem Rückgang der Bedeutung von Religion, sondern von einer wachsenden Resonanz aller großen Weltreligionen ausgehen muss. Aber im Blick auf bestimmte Regionen, zu denen nicht nur die Mitte Europas, sondern beispielsweise auch Australien und Neuseeland gehören, kann man nicht bestreiten, dass sie in den letzten Jahrzehnten durch eine Erosion der Bedeutung von Religion für das persönliche Leben wie für das gesellschaftliche Zusammenleben geprägt waren. In Deutschland ist dieser Prozess dadurch verstärkt erlebt worden, dass er, als er im Westen Deutschlands auf seinem Höhepunkt angelangt war, sich zugleich mit den Folgen der Entkirchlichung im Osten Deutschlands verknüpfte.

Umso wichtiger ist es, auf die Verschiebungen zu achten, die sich gegenwärtig auch in der deutschen Gesellschaft andeuten. Es gibt eine Wiederkehr der Religion. Aber sie wirkt sich keineswegs automatisch in einer verstärkten Zuwendung zum christlichen Glauben aus. Menschen verstehen sich als religiös. Aber Klarheit darüber, was sie damit meinen, suchen sie nicht in den Kirchen. 85 Prozent der Kinder zwischen sechs und zwölf Jahren sehen die Frage nach Gott als wichtig an. Aber nur zwanzig Prozent der Erwachsenen haben starke Erwartungen an die Kirchen.

Es trifft eben doch einen Grundzug in der europäischen Entwicklung der letzten zwei Jahrhunderte, wenn François Lyotard vom „Ende der Meta- oder Großerzählungen" spricht und damit natürlich auch die christliche „Großerzählung" meint. In seinen Augen haben Gott und Glaube, Jenseits und Hoffnung erheblich an allgemeiner Plausibilität verloren; der christliche Glaube hat in einem zweihundert Jahre andauernden Säkularisierungsprozess gerade in Europa seine Selbstverständlichkeit eingebüßt. Auch in den Kirchen finden sich oft nur noch rudimentäre, bruchstückhafte, patchwork-ähnliche Formen von Glaubenswissen. Die postmoderne Auflösung aller Metaerzählungen findet die Kirchen in einem Zustand vor, bei dem noch immer die von Kurt Tucholsky beschriebene „jappsende Atemlosigkeit" wahrzunehmen ist, mit der sie versuchen, dem Zeitgeist hinterherzukommen. Jedenfalls gibt es in den Kirchen auch Phänomene, die sich am ehesten aus einer weitgehenden Auslieferung an den Sog eines vermeintlichen Säkularisierungsprozesses erklären lassen.

So kann man in manchen kirchlichen Antworten auf die Wiederkehr der Religion kaum etwas anderes als einen Ausdruck für die erfolgte Selbstsäkularisierung der Kirche sehen. Bei allem Verständnis für anlassbezogene oder zielgruppenorientierte Gottesdienste wird man dazu beispielsweise einen „Lappen-Gottesdienst" für Führerscheinneulinge oder einen „ICE-Gottesdienst" zwischen Hannover und Hamburg wohl doch zählen müssen.

Auch noch in solchen Zerrformen zeigt sich die Spagatsituation, in der sich die Kirchen befinden. Sie wird sich noch verstärken: Während die faktischen kirchlichen Handlungsmöglichkeiten zurückgehen, weil die finanziellen Spielräume enger werden, wächst zugleich die Nachfrage nach geistlicher Orientierung. Doch Kirchen und Gemeinden sollten darauf nicht mit der Vervielfachung eines dann leicht als beliebig empfundenen „Angebots" reagieren, sondern mit einer gewiss ansprechenden und adressatenbezogenen Konzentration auf das, was allein sie vertreten können: die Orientierung an der Wirklichkeit Gottes und das Vertrauen auf seine Zukunft.

Dies zu betonen ist gerade in einer Zeit nötig, in der es durchaus als möglich erscheint, dass wirtschaftlich orientierte Aktivitäten sich als „Kirche" ausgeben, und dass „Säkularisierung" selbst zu einer Art Leitbegriff einer gesellschaftlichen Institution werden könnte. Es zeigt sich auch bereits, dass eine Institution, die das „Diesseits" auf ihre Fahnen geschrieben hat, sich Elemente der religiösen Formensprache anzueignen versucht und in diesem Sinn als eine „Religion der Säkularisierung" auftritt. Hinweise auf eine solche Entwicklung lassen sich beispielsweise daran erkennen, dass der Humanistische Verband und andere Vereinigungen der Konfessionslosen erwägen, einen „Zentralrat der Konfessionsfreien in Deutschland" zu gründen. „Konfessionslose aller Bundesländer – vereinigt euch", ließe sich als Losung für ein solches Vorhaben ausgeben. Eine solche Beobachtung mag ein zusätzliches Indiz dafür sein, dass christliche Kirchen zwar die Säkularität der staatlichen Ordnung bejahen, den christlichen Glauben aber nicht zu einer „Religion der Säkularisierung" verkommen lassen sollten.

In den Kirchen bedarf es eines noch stärkeren Bewusstseins dafür, dass das Vertrauen in ihre Kernkompetenz belebt und verstärkt werden muss: nämlich ein Raum für das Heilige zu sein, die Fähigkeit zu Glauben und Gebet zu erneuern, Menschen in der Mitte wie an den Grenzen ihres

Lebens beizustehen. In evangelischer Perspektive muss sich das verbinden mit der Offenheit für Freiheit und Mündigkeit, für Säkularität und Wissenschaft. Das schließt die Einsicht in das gerade heute notwendige Grenzbewusstsein ein, also das Bewusstsein dafür, wo den menschlichen Bemächtigungsversuchen Grenzen gesetzt sind. Das eine Licht Jesu Christi soll auch gesehen und bezeugt werden in einer diesseitig gewordenen, wissenschafts-, wirtschafts- und machbarkeitsorientierten Welt, die die Sinnressourcen, die sie braucht, selbst nicht herzustellen vermag. Evangelisches Christsein ist in meinen Augen der stellvertretende Weg, einen aufgeklärten Glauben unter den Bedingungen der modernen Welt zu bezeugen.

Dabei stimmen mich einige Beobachtungen sehr nachdenklich. In manchen Bereichen unserer Kirche nehme ich eine Frömmigkeit der Sehnsucht wahr, eine Art Vermissen Gottes als letzte Grundhaltung des Glaubens, ein zögerliches, vorsichtiges, suchendes Sich-Ausstrecken nach Gott, das lange nicht die Gottesgewissheit zu erreichen vermag, die in den Liedern und Texten unserer Väter und Mütter aufscheint. Es ist, als müssten wir die theologische Tugend des Glaubens eher als Spiegel eines Verlustes verstehen, den die Feinsinnigen und Berührbaren unter ihren Verehrern noch spüren, weil die Tugend des Glaubens in unseren Tagen eine Tugend des Zweifelns, des Fragens, der Sehnsucht nach Spiritualität und der Suche nach Gewissheit geworden ist. Täusche ich mich, wenn ich sage: Jedenfalls in Mitteleuropa leben wir heute in einer eher „glaubensschwachen Zeit"? Wenn das stimmt, dann ist die Krise der Kirchen nicht zuerst eine finanzielle oder organisatorische Krise, sondern eine geistliche Krise. Uns sind viele Selbstverständlichkeiten und Glaubensgewissheiten abhanden gekommen, Glaubensinbrunst und

Glaubensstärke sind kleinlauter als in früheren Zeiten; und nicht wenigen fröhlichen Christenmenschen zerfließt der Glaube zwischen den Fragen wie Sand zwischen den Fingern. Wir erleben – übrigens durchaus in ökumenischer Gemeinsamkeit der beiden großen Kirchen – kollektiv eine Glaubenskrise, wie viele Menschen sie auch individuell aus ihrer persönlichen Biographie kennen.

Diese Glaubenskrise lässt uns immer intensiver fragen: Leben wir in Zeiten einer „Gottesfinsternis"? Hat Gott sich von diesem rational-aufgeklärten und wirtschaftstaumeligen Großraum Europa abgewandt? Wie viele Menschen mag es in unserer Welt geben, die zwar nicht einen so festen Glauben und so starke Glaubensgewissheiten haben, wie sie uns in unseren Traditionen entgegentreten, die aber dennoch Gott suchen und vermissen, die eine unauslöschliche Sehnsucht nach jenem Geheimnis des Lebens haben, das sie selbst nur noch vom Hörensagen kennen? Wie viel Gegenkräfte gegen die dunklen Künste der Durchrationalisierung unseres Lebens lassen sich finden? Und wie viel stummer Einspruch gegen eine vorschnelle Auffüllung der Gottesstille durch Banalitäten? Sind wir als Kirche gut auf solche Sehnsucht vorbereitet? Schaffen wir genügend „Räume der Begegnung" für diese offene, tastende Sehnsucht nach Gott, nach Sinn und Halt? Haben wir insbesondere auch in der evangelischen Kirche ein ausreichendes Gespür dafür entwickelt, dass es viele Menschen um uns her, ja auch in unseren Gemeinden gibt, die eine Sehnsucht nach dem Heiligen haben, aber den vorschnell festgezurrten Formeln, mit denen wir antworten, mit einem großen Misstrauen begegnen? Singen wir für deren Fragen nicht etwas zu laut – oder auch etwas zu langsam? Reden wir für diese Suche nicht etwas zu viel – oder auch zu allgemein?

Je unerbittlicher die europäische Welt auf die globalisierte Wirtschaft ausgerichtet wird, je strikter Markt und Finanzkraft, Lohnnebenkosten und Konkurrenzkampf das Leben bestimmen sollen, desto stärker wird nach Gegenkräften gefragt. Die meisten spüren, dass Konsum allein nicht Halt gibt, dass Wirtschaft allein nicht Sinn schenkt, dass Funktionieren allein nicht Bedeutung verleiht. Mit der Rückkehr der Religion rebelliert die Seele der Menschen gegen ihre kommerzielle Reduktion. Ich glaube auch aus diesem Grund, dass Entscheidungen, die den Menschen nur als Konsumenten in den Blick nehmen, in die Irre gehen.

Die Vorstellung, dass sich der Glaube in die Privatsphäre abschieben lasse und dass gesellschaftliches Zusammenleben ohne die öffentliche Erkennbarkeit von Religion und Glaube möglich sei, gehört der Vergangenheit an. Natürlich bedeutet das keineswegs, dass alle Menschen sich zum Glauben an Gott bekennen. Aber in vergleichsweise kurzer Zeit ist deutlich geworden, dass dies eine der Fragen ist, in denen man zu einer persönlichen Entscheidung kommen muss. Während 1992 noch etwa dreißig Prozent der (West-)Deutschen auf die Frage, ob sie an Gott glauben, antworteten, sie wüssten das nicht, sind es heute noch drei Prozent. Gestiegen ist in der Zwischenzeit nicht nur die Zahl derjenigen, die sich zum Glauben an Gott bekennen (von 50 auf 64 Prozent), sondern auch die Zahl derjenigen, die diesen Glauben für sich ablehnen (von 20 auf 33 Prozent). Aber das Entscheidende ist: Die Indifferenz ist in einem erstaunlichen Maß zurückgegangen.

Der Einfluss der Religion, insbesondere der Kirchen, auf die Gesellschaft – durch kulturelle Präsenz, politische Äußerungen, Gemeinwohlarbeit in den Kommunen, Diakonie und Bildung – wird an Bedeutung weiter wachsen. Natürlich vollzieht sich dabei keine Rückkehr zu einem überholten Staatskirchentum. Nur an den Punkten, an denen sich für die gesellschaftlichen Kräfte eine Auseinandersetzung mit der Meinung der Vertreter von Religionsgemeinschaften inhaltlich lohnt, wird sie auch vollzogen werden. Schon ist in diesem Zusammenhang von einem „kulturellen Wettbewerb" (Wolfram Weimer) die Rede, der auch ein Wettbewerb um die Positionen und Antworten ist, die am meisten überzeugen. Ohne Zweifel werden von denen, die auch Religion in Kategorien des Wettbewerbs deuten, auch die Kirchen als „konkurrierende Anbieter" gesehen. Die Kirchen werden gut daran tun, sich dieser Schablone nicht zu fügen. Denn sie wissen, dass sie dem christlichen Glauben selbst Schaden zufügen, wenn sie ihn als Produkt ansehen, das unter Wettbewerbsgesichtspunkten „angeboten" wird. Doch zugleich ist es nötig, die wachsende Nachfrage nach geistlicher Orientierung ernst zu nehmen und angemessen auf sie zu antworten. Entwickeln wir Zutrauen zu den neuen und überraschenden ebenso wie zu den alten und vertrauten Wegen, auf denen das geschieht! Mit diesem Mut und in dieser Gewissheit gilt es, auch im Bereich kirchlicher Verantwortung Zukunft zu gestalten.

Denn es zeigt sich immer deutlicher, dass die Engführung auf die Herrschaft eines vermeintlich exakten naturwissenschaftlichen Denkens in eine Sackgasse geraten ist. Gerade die Verbindung zwischen Glauben und Vernunft wird wieder zu einem öffentlichen Thema. Zwischen Benedikt XVI. und Jürgen Habermas spannt sich der Bogen der Diskussion; auch die Antwort der Reformation bringen wir in diese Debatte ein.

2. Glaube und Vernunft

Kernthema des Glaubens

Die Verbindung von Glauben und Vernunft ist ein Grundthema christlichen Denkens. So sehr der Glaube die Möglichkeiten des Denkens übersteigt, so sehr muss der Mensch ihm doch nachdenken und die Einsichten des Denkens mit den Gewissheiten des Glaubens versöhnen.

So gehört die Verbindung von Glauben und Vernunft auch von Anfang an zu den bestimmenden Merkmalen des Protestantismus. Für manchen Betrachter mag das dadurch verdunkelt sein, dass der Reformator Martin Luther sich unter Einsatz all seiner polemischen Kraft gegen einen Herrschaftsanspruch der Philosophie über die biblische Botschaft zur Wehr setzte und dabei auch vor der Rede von der „Hure Vernunft" nicht zurückscheute. Doch Luther war, ebenso wie die anderen Reformatoren, zugleich von der Überzeugung bestimmt, dass die Vernunft mit all ihrem Vermögen der Erkenntnis der biblischen Wahrheit zu dienen habe. Schon der junge Luther erklärte deshalb in seinem Kommentar zum Römerbrief, dass die Vernunft „für das Beste" eintrete und „gute Werke" tue. Und der höchste Titel, den er für sich selbst gelten ließ, war derjenige eines „Doctors der Heiligen Schrift". Damit bahnte die Reformation der Ausbildung der Theologie zu einer kritischen Wissenschaft im modernen Sinn ebenso den Weg, wie sie die Verbindung von Glauben und Bildung in das Zentrum des kirchlichen Auftrags rückte.

Die für den Protestantismus unaufgebbare Achse zwischen philosophischer Welt und biblischem Denken zeigt sich in bisweilen überraschendem Maße in der theologischen Literatur des 17. Jahrhunderts, das zwischen den Jahrhunderten der Reformation und der Aufklärung vermittelt. Sie zeigt sich erst recht in der Theologie der Aufklärungszeit.

Dennoch ist genau diese Zeit zugleich durch zwei gegenläufige Entwicklungen bestimmt. Die eine Entwicklung kommt aus Frankreich und folgt einem philosophischen Materialismus, der die Religion ins Reich des Irrationalen verbannen will. Die andere kommt aus dem Christentum selbst und ist von der Angst vor der Moderne geleitet. In einem Geist der Abschottung werden hier Einsichten von Bibelkritik und kirchengeschichtlicher Forschung genauso verdammt wie neue Entdeckungen der Naturwissenschaft. Der christliche Glaube soll nach dieser Auffassung als Gegengift gegen den Geist der Moderne wirken und eine vermeintlich heilsame Ausflucht aus den Anforderungen der Zeit bewirken. Hellsichtig beschreibt schon Friedrich Daniel Ernst Schleiermacher in seinen berühmten „Reden über die Religion" von 1799, worin die Folge dieser Entwicklung besteht. Die Religion sucht sich neue Felder, auf denen sie der Infragestellung durch die Moderne scheinbar entkommt: den Rückzugsraum des bürgerlichen Wohnzimmers mit seiner Geschmacks- und Unterhaltungsreligion einerseits und andererseits den übersteigerten Glauben an die Nation. Später fragt Schleiermacher mit resignativem Unterton einen Freund: „Soll denn der Knoten der Geschichte so aufgehen, die Wissenschaft mit dem Unglauben und die Religion mit der Barbarei?"

Auswanderungsbewegungen des Religiösen aus dem Bereich der Vernunft, wie der Kirchenvater des modernen Protestantismus sie an der Wende zum 19. Jahrhundert diagnostizierte, üben auch heute noch ihren Einfluss aus. Immer wieder machen sich Tendenzen zur Ästhetisierung wie zur Politisierung der Religion breit. Im einen Fall wird die Religion zu einer privaten Sinnsuche in der Welt des Schönen und Erhabenen; im anderen wird sie zum Medium des Bürgerkriegs. Die eine Gestalt des Religiösen spinnt sich in einer hoch individualisierten Welt ein; die andere sucht die Masse und meidet jegliche Differenzierung. Beide Gestalten religiöser Sinnsuche haben eines gemeinsam: Sie scheuen den Kontakt zur vernünftigen Seite des Glaubens; dieser Kontakt aber hat notwendigerweise mit kritischer Urteilskraft, mit wissenschaftlichem Dialog und mit Verantwortung vor dem Forum der öffentlichen Vernunft zu tun.

Ästhetisierung und Politisierung der Religion lassen keine der drei großen Überlieferungsformen des christlichen Glaubens – Katholizismus, Orthodoxie und Protestantismus – unberührt. Doch für den Protestantismus würde im Besonderen gelten, dass er sich selbst auflöst, wenn er die Verbindung von Glauben und Vernunft preisgibt. Denn der Protestantismus ist aus streng theologischen Gründen auf die enge Verbindung von Glauben und Vernunft angewiesen. Das gilt um des Glaubens willen, der subjektiv angeeignet, also verstanden werden will; und es gilt um der Vernunft willen, für die der Stachel kritischer Selbstreflexion unentbehrlich ist, damit sie ihre Endlichkeit weder vergisst noch verleugnet.

In seiner evangelischen Gestalt konzentriert sich der christliche Glaube darauf, dass Jesus Christus die Wahrheit des Evangeliums in Person ist. Diese Wahrheit befreit den Menschen aus der Selbsttäuschung, er verdanke sein Leben sich selbst und könne ihm aus eigener Kraft einen bleibenden Sinn verleihen. Sie verankert die Würde des Menschen in der Wirklichkeit Gottes und somit in einer Macht, die größer ist als er selbst; nur deshalb kann diese Würde als unantastbar gelten. Deshalb konzentriert sich die evangelische Gestalt des christlichen Glaubens seit der Reformation bis zum heutigen Tag auf das Thema der christlichen Freiheit; die evangelische Kirche versteht sich als eine Kirche der Freiheit.

Diese Konzentration hat erhebliche Folgen. Zu ihnen zählt, dass der zur Freiheit Berufene auskunftsfähig über den Glauben sein soll, durch den er diese Freiheit empfängt. Die Freiheit des christlichen Glaubens fordert deshalb, sich seiner Vernunft zu bedienen. Dies zu tun, ist ein wesentliches Kennzeichen der Freiheit selbst. Denn so wie sich der Mensch als individuelle Person unvertretbar von Gott angesprochen weiß, ist er auch unvertretbar zeugnis- und auskunftspflichtig. Die Pflicht dazu kann an keine noch so gelehrte oder mächtige Instanz in oder außerhalb der Kirche delegiert werden. Denn sich ausschließlich auf die Vernunft anderer zu verlassen, ist mit der Entdeckung des Gewissens und seiner Freiheit, dieser besonderen Errungenschaft der Reformation, nicht zu vereinbaren. Deshalb ist das Verhältnis von Glaube und Vernunft im evangelischen Verständnis immer wieder in Anknüpfung an eine berühmte Formel des Anselm von Canterbury zum Ausdruck gebracht worden: „Neque enim quaero intelligere ut credam sed credo ut intelligam. Fides quaerens intellectum. – Nicht suche ich nämlich einzusehen, um zu glauben. Sondern ich glaube, um einzusehen. Der Glaube auf der Suche nach Einsicht."

Die Einsicht des Glaubens hat beim Glauben selbst einzusetzen. Von ihm her erschließt sich, was die Vernunft im Kontext des Glaubens aufzuklären vermag. Deshalb hat der Theologe Eberhard Jüngel vorgeschlagen, Anselms Rede von der „fides quaerens intellectum" zu ergänzen und der Klarheit halber von einer „fides quaerens intellectum quaerentem fidem" zu sprechen: der Glaube ist auf der Suche nach Einsicht, die ihrerseits auf der Suche nach dem Glauben ist. Eine nicht durch den Glauben aufgeklärte Vernunft bleibt unerfahren und unaufgeklärt, weil sie sich keine Rechenschaft über ihre Grenzen ablegt. Sie verkennt ihren Charakter als endliche Vernunft, dem Menschen anvertraut, damit er mit seiner endlichen Freiheit umzugehen lerne. Ein nicht durch die Vernunft aufgehellter Glaube aber trägt die Gefahr in sich, barbarisch und gewalttätig zu werden. Stattdessen ist es nötig, die wechselseitige Verwiesenheit von Vernunft und Glaube immer wieder neu zu entfalten.

„Die Grundentscheidungen, die den Zusammenhang des Glaubens mit dem Suchen der menschlichen Vernunft betreffen, die gehören zu diesem Glauben selbst und sind seine ihm gemäße Entfaltung", hat Papst Benedikt XVI. in seiner Regensburger Ansprache vom 12. September 2006 mit vollem Recht festgestellt. Freilich sieht er diese Zusammengehörigkeit nur unter der Voraussetzung gewährleistet, dass die Verbindung zwischen griechischem Denken und biblischer Botschaft bewahrt wird. Verbindbar sind Glaube und Vernunft also nur unter der Voraussetzung, dass man sich an den von den Griechen geprägten Vernunftbegriff hält; gemeint ist dabei wohl insbesondere der Grundzug der Philosophie Platos, wonach die der menschlichen Einsicht vorgegebenen Ideen einen strikt überpersonalen Charakter tragen.

Neuzeitlich denken

Man braucht sich freilich nicht auf einen vorneuzeitlichen, „griechischen" Vernunftbegriff zu beschränken, um sich die Kernaussage des Papstes zu Eigen zu machen: Das Ja zum Zusammenhang des Glaubens mit dem Suchen der menschlichen Vernunft gehört zum Glauben selbst. Auch die neuzeitlichen Bemühungen um die Zusammengehörig-keit von Vernunft und Glauben lassen sich von hier aus ver-stehen; eigene Bemühungen lassen sich daran anschließen. Dabei widerspricht es dem Wesen des Glaubens nicht, wenn er zu einem modernen Vernunftverständnis ins Verhältnis gesetzt wird.

Dieses Verständnis verbindet den Begriff der Vernunft mit der Subjektstellung der menschlichen Person. Die Ver-nunft wird deshalb nicht als eine transpersonale Größe, nämlich als der Inbegriff der für alle verbindlichen Ideen, verstanden; sondern sie wird multiperspektivisch aufgefasst. So entsteht ein konstruktiver Zugang zu der Tatsache, dass Menschen beim Versuch vernunftgemäßer Argumentation zu unterschiedlichen Einsichten und Überzeugungen gelan-gen können. Dadurch wird das Ziel, zu allgemein verbindli-chen Einsichten zu gelangen, nicht aufgehoben. Vielmehr bleibt auch ein solcher – multiperspektivischer – Vernunft-begriff daran gebunden, dass jeder Teilnehmer an einem ver-nunftbestimmten Diskurs seine eigenen Aussagen unter dem Gesichtspunkt ihrer Verallgemeinerungsfähigkeit über-prüft. Denn jeder menschliche Vernunftgebrauch ist – wie Karl-Otto Apel das formuliert hat – an das Apriori der Kom-munikationsgemeinschaft gebunden. Jede menschliche Ge-meinschaft lebt von dem Zutrauen, dass gemeinsame Wahr-heitserkenntnis möglich ist und dass der Gebrauch der Vernunft im Dienst dieser gemeinsamen Wahrheitserkennt-nis steht. Gerade vom Glauben her, dem es zentral um die Wahrheit zu tun ist, kann deshalb kein prinzipieller Gegen-satz zur Vernunft – auch in einem solchen neuzeitlichen Verständnis – behauptet werden.

Auch im Dialog mit solchen neuzeitlichen Konzeptionen der Vernunft muss vielmehr der Zusammenhang des Glaubens mit dem Suchen der menschlichen Vernunft immer wieder neu entfaltet und ausgelegt werden. Nur eine solche, immer wieder erneuerte Aneignung bewahrt vor einer glaubenslosen Vernunft ebenso wie vor einem vernunftlosen Glauben.

Denn der innere Zusammenhang von Glauben und Vernunft versteht sich keineswegs von selbst. Gegen ihn steht, wie es scheint, ganz besonders die kopernikanische Wende Immanuel Kants zum Subjekt als dem unhintergehbaren Ausgangspunkt alles Weltwissens. Besonders folgenreich war es, dass man diesen von Kant vollzogenen Schritt im Sinn einer definitiven Trennung zwischen Weltwissen und Gottesglauben gedeutet hat. Charakteristisch dafür sind die Missverständnisse, die Kants berühmtes Diktum auf sich gezogen hat, er habe „das Wissen aufheben" müssen, „um zum Glauben Platz zu bekommen". Es ist durchaus angezeigt, diese Passage aus Kants Vorrede zur zweiten Auflage der „Kritik der reinen Vernunft" im Wortlaut zu zitieren, nachdem sie durch Papst Benedikt XVI. in der Fassung wiedergegeben wurde, Kant „habe das Denken beiseite schaffen müssen, um dem Glauben Platz zu machen".

Diese Veränderung des Wortlauts signalisiert jedoch ein weitreichendes Missverständnis. Denn Kant stellt mit seinen Worten den Gottesgedanken nicht außerhalb des Denkens; und er besetzt nicht einen dadurch entstehenden, vermeintlich vernunftlosen Raum durch den Glauben. Sondern er befreit den Gottesgedanken aus dem Einzugsbereich des Erfahrungswissens, das sich der Mittel der Beobachtung und des Beweises bedient. Er zeigt, dass Gott den Rahmen unserer raumzeitlich geprägten Weltzugänge prinzipiell übersteigt. Damit wird nicht die Idee Gottes, sondern die Reichweite der Erfahrungswissenschaften eingeschränkt. Die

Versuche, Gott als notwendige Ursache aus den Gesetzen der Welt abzuleiten, werden damit hinfällig. Gottes Überlegenheit über die Schöpfung wird dadurch neu zur Sprache gebracht. So reißt Kant Vernunft und Glauben nicht etwa auseinander, sondern bahnt einen Weg dazu, dass der Gottesgedanke auch vor dem Forum der philosophischen Vernunft Bestand haben kann. Man mag diesen Weg als problematisch ansehen; aber man sollte sich jedenfalls nicht auf die Aufklärung im kantischen Sinn des Wortes berufen, um die These zu begründen, die Aufklärung habe die Verbindung zwischen Vernunft und Glauben definitiv aufgelöst.

Das christliche Verständnis von Gott als Schöpfer und Erhalter der Welt fügt sich in einen solchen Zugang zum Gottesbegriff durchaus ein. Die verbreitete Rede vom bloßen „Postulatengott", der nur noch eine vage innerphilosophische Funktion für die praktische Vernunft habe und als eine Art „Erfüllungsgehilfe der protestantischen Ethik" diene, unterschätzt die Bedeutung der Gottesidee für die Freiheit der Person. Im Sinne Kants ist Gott der umfassende Horizont für jegliches Tun, auch für das theoretische Nachdenken. Der einigende Grund der Welt, der einzig Aussicht darauf gibt, dass Leben glücken kann, schließt so auch die Welt der Wissenschaft und der wissenschaftlich angeleiteten Erfahrung ein. Dem Glauben wird auf diese Weise keineswegs, wie Papst Benedikt XVI. befürchtet, „der Zugang zum Ganzen der Wirklichkeit abgesprochen". Nein, er *ist* dieser Zugang zum Ganzen der Wirklichkeit. Indem er das Verhältnis zur Wirklichkeit im Gottesverhältnis verankert, eröffnet er einen Zugang zur inneren Einheit des Daseins, in welchem das Verhältnis des Menschen zu sich selbst, zu den anderen Menschen und zur Welt miteinander verbunden ist.

Der Glaube wird in einer solchen Überlegung als eine Einstellung zur Wirklichkeit verstanden, die allem Wissen vo-
rausliegt. Doch es ist ein gravierendes Missverständnis, den
Glauben deshalb für irrational zu erklären oder in die Kam-
mer des bloßen Fühlens und Meinens zu sperren. Dass er
freilich mehr in sich schließt als die bloße Kenntnisnahme
richtiger Lehrsätze, ist gerade im evangelischen Verständnis
des Glaubens immer in starker Form herausgearbeitet worden. Denn der Glaube ist in der Tat nicht nur eine im Wissen
beheimatete Gewissheit, sondern er ist eine umfassende Da-
seinsgewissheit. Zu ihr gehört das Vertrauen in die Gegen-
wartsmächtigkeit Gottes ebenso wie die innere Zustimmung
dazu, sich im eigenen Leben von Gott bestimmen zu lassen.
In Gott erschließt sich für den Glaubenden der umfassende
Sinn, auf den er für den Umgang mit der Endlichkeit seiner
Existenz im Ganzen wie für alles Handeln unter den Bedingungen dieser Endlichkeit angewiesen ist. Damit eröffnet er
die Einsicht, dass der Mensch auch als Vernunftwesen nur
frei sein kann, wenn er sich von einem anderen her bestimmen lässt. In dieser Einsicht findet die Freiheit eines Christenmenschen eine durchaus moderne Fassung.

Ist ein in diesem präzisen Sinn modernes, durch die Reformation und ihre neuzeitliche Wirkungsgeschichte geform-
tes Glaubensverständnis zwangsläufiger Weise eine Reduktion des Christentums auf ein „armseliges Fragmentstück"?
Vor allem den großen evangelischen Kirchenhistoriker Adolf
von Harnack hat Papst Benedikt XVI. zum Beispiel für eine
solche Reduktion gewählt. Nun trifft der Hinweis auf das
Bruchstückhafte unseres Erkennens alle Theologie. Sie steht
in all ihren Formen unter dem Vorbehalt des Apostels Paulus:
„Wir sehen jetzt durch einen Spiegel ein dunkles Bild; dann
aber von Angesicht zu Angesicht. Jetzt erkenne ich stückwei-

se; dann aber werde ich erkennen, wie ich erkannt bin. Nun aber bleiben Glaube, Hoffnung, Liebe, diese drei; aber die Liebe ist die größte unter ihnen" (1. Korinther 13, 12 f.). Mit großer Kühnheit wird hier dem Glauben, der Hoffnung, der Liebe selbst ein fragmentarischer, bruchstückhafter Charakter zugesprochen; gerade darin sind sie Vorzeichen der Fülle, die erst noch kommt. Wenn das sogar für Glauben, Hoffnung und Liebe gilt – für jene Haltungen, die in der theologischen Tradition „theologische Tugenden" heißen –, wie viel mehr dann für die Vernunft, mit deren Hilfe der Glaube auf der Suche nach Einsicht ist! Dennoch ist diese Vernunft immer wieder darauf aus, sich dem Ganzen der Wahrheit zu nähern. Und es geschieht auch immer wieder, dass sie dahinter über das Maß des Unausweichlichen hinaus zurückbleibt – dann beispielsweise, wenn sie den Glauben der Herrschaft des Erfahrungswissens in der Gestalt der modernen Naturwissenschaft einfach unterstellt. Doch dazu, eine solche Auflösung des Bündnisses von Vernunft und Glauben unter der Überschrift eines „Enthellinisierungsprogramms" wie eine unaufhaltsame Verhängnisgeschichte zu betrachten und für dieses Verhängnis Reformation und Aufklärung in herausgehobenem Sinn zu Schuldigen zu erklären, besteht kein zwingender Grund.

Eine solche Betrachtungsweise löst die ohne Zweifel vorhandene „Dialektik" oder vielleicht besser: Ambivalenz der Aufklärung einseitig nach der negativen Seite hin auf. Dies jedoch ist keineswegs folgerichtig – übrigens auch nicht aus der Sicht des römischen Lehramts. Ganz zu Recht hat Papst Benedikt XVI. darauf hingewiesen, dass der Schritt zur Aufklärung ein notwendiger Schritt ist; auch der Islam, so bemerkte er, müsse diesen Schritt noch vollziehen. Wörtlich sagte er in einer Ansprache an die Mitglieder der römischen

Kurie am 22. Dezember 2006: „Die muslimische Welt befindet sich heute mit großer Dringlichkeit vor einer ähnlichen Aufgabe, wie sie sich den Christen seit der Zeit der Aufklärung stellte und auf die das Zweite Vatikanische Konzil als Frucht einer langen, mühsamen Suche konkrete Lösungen für die katholische Kirche gefunden hat." Wenn die Rezeption der Aufklärung heute für den Islam ansteht und wenn sie im Zweiten Vatikanischen Konzil (1962 bis 1965) auf ihre Weise von der katholischen Kirche vollzogen worden ist – soll man dann den Philosophen, Theologen und auch den Kirchen, die sich im 18. und 19. Jahrhundert um die Verbindung zwischen Aufklärung und christlichem Glauben bemüht haben, wirklich den Vorwurf machen, sie hätten durch eine „Enthellinisierung" die Verbindung zwischen Glauben und Vernunft aufgelöst? Mir erscheint das als nicht gerechtfertigt.

Engführungen hat es in der Epoche evangelischer Theologie, für die Adolf von Harnack stand, ganz gewiss gegeben. Sie haben deshalb Erneuerungsbewegungen provoziert, deren Vertreter vor allem Karl Barth und die Dialektische Theologie waren. Inzwischen entdecken wir auch deren fragmentarischen Charakter und bemühen uns darum, über deren Engführungen wiederum hinauszudenken. Auch die Theologie ist ein Feld, auf dem sich die Einsicht in den geschichtlichen Charakter der menschlichen Vernunft bewährt.

Gewiss ist der Relativismus eine besondere Gefährdung der Moderne. Und ganz gewiss hat er das Lebensgefühl in Europa in der zurückliegenden Generation auf beunruhigende Weise geprägt. Doch man braucht nicht dem neuzeitlichen Vernunftbegriff insgesamt den Abschied zu geben, um sich der Gegenkraft zu vergewissern, die gegen einen solchen Relativismus in Anspruch genommen werden kann: Glaube auf der Suche nach Einsicht.

„Ohne Zwang, allein durch das Wort"

Der christliche Glaube leitet dazu an, den Begriff Gottes von der Menschwerdung Gottes her zu denken; der christliche Glaube hat seine innere Bestimmtheit darin, dass Gott als Person begegnet, als die Person des Jesus von Nazareth. Es ist das darin begründete Vertrauen in die Zugänglichkeit Gottes, aus dem sich im christlichen Verständnis die unlösliche Verbindung zwischen Gott und der Vernunft ergibt. Man muss die Entsprechung zwischen Gott und Mensch, die Gott selbst in seiner Menschwerdung manifest werden lässt, im Gottesbegriff selbst verankern und deshalb die Zusammengehörigkeit zwischen Gott und Vernunft zur Geltung bringen. Wo immer das Vernunftwidrige im Namen Gottes begründet oder gerechtfertigt wird, ist deshalb Widerspruch angesagt. Darauf hat Papst Benedikt XVI. aufmerksam gemacht, als er in der Regensburger Ansprache eine Argumentation gegen „Bekehrung durch Gewalt" vortrug, die bereits auf das Jahr 1391 zurückgeht. Eine Einsicht ist das freilich, die keineswegs nur gegenüber der Gewaltneigung im Islam geltend gemacht werden muss. Sie ist vielmehr auch selbstkritisch gegen alle Gewaltanwendung, erst recht gegen jede Bekehrung durch Gewalt in der Geschichte des Christentums zu wenden. Es war eine Verarbeitung solcher geschichtlicher Erfahrungen, wenn die Reformation es zum Programmsatz erhob, dass das Evangelium „ohne Zwang, allein durch das Wort" ausgebreitet werden solle.

Die katholische Deutsche Bischofskonferenz hat diese Einsicht kurz nach der Regensburger Ansprache Papst Benedikt XVI. auf kluge Weise aufgenommen. Ausdrücklich erklärte sie, dass auch die christlichen Kirchen aus ihrer Geschichte die Versuchung der Gewalt kennen und ihr keineswegs immer widerstanden haben. Eine solche selbstkritische Haltung bildet eine notwendige Voraussetzung dafür, an den Islam mit der Erwartung heranzutreten, dass er der religiösen Legitimation von Gewalt und der Instrumentalisierung von religiösen Überzeugungen zu politischen Zwecken deutlich und wirksam entgegentritt.

Eine solche Überlegung über die Zusammengehörigkeit von Gott und Vernunft enthält freilich keinen letztlich überzeugenden Grund dafür, diese Zusammengehörigkeit gegen den Respekt gegenüber einem göttlichen Wollen auszuspielen. Es besteht, wie die biblische Auslegung der Menschwerdung Gottes eindrücklich nahe legt, darin, dass Gottes Wollen Liebe ist. Diese Liebe gilt jedem einzelnen Menschen und verleiht ihm einen unendlichen Wert, eine unantastbare Würde. Diese Liebe verbürgt, dass Gott es mit seiner Welt trotz des abgründig Bösen, das in ihr begegnet, und mit dem Menschen trotz der Sünde, in die er verstrickt ist, gut meint. Gottes Treue zu seiner Schöpfung und die Rettung des Sünders durch Gottes Gnade bestimmen den Ort des Menschen in der Welt. Sie bestimmen den Auftrag des einzelnen Menschen, von dieser Vorgabe des Glaubens her den Sinn seines Lebens zu verstehen und die Aufgaben seines Lebens zu erfüllen.

Das ist der Zusammenhang, in dem im christlichen Sinn vom Individuum zu reden ist. Es ist zugleich der Grund, aus dem schon die Reformatoren, aber ebenso auch neuzeitliche protestantische Denker wie Kant oder Schleiermacher ein emphatisches Verhältnis zum Individuum entwickelten. Dabei war stets deutlich, dass dieses Individuum nicht eine von den anderen Menschen und der Welt abgesonderte „Privatperson" ist. Vielmehr vollzieht sich sein Leben in Relationen – im Verhältnis zu sich selbst, zu den anderen und zur

Welt und in all dem im Verhältnis zu Gott. Dies vorausgesetzt, muss man die starken Gründe gegen eine Ausgestaltung des religiösen Lebens respektieren, in der das Individuum nicht geachtet wird. Jeder Christenmensch ist dazu berufen, sich in seinem Glauben über sich selbst aufzuklären. Selbstverständlich kann er das nicht ausschließlich im Selbstgespräch; denn woher sollten dann neue Anregungen und andere Perspektiven kommen. Christ ist man nicht allein, sondern im lebendigen Austausch einer Gemeinschaft. Für das Bekenntnis des Glaubens gilt stets die erste Person: die erste Person Singular im Apostolischen Glaubensbekenntnis und die erste Person Plural im Glaubensbekenntnis von Nizäa-Konstantinopel. Das Bekenntnis ist an das Bekennen des Einzelnen gebunden; aber das „ich" kann in ein bekennendes „wir" einstimmen. Und auch hier gilt der Grundsatz: „Nicht durch Zwang, allein durch das Wort." Das gemeinsame Bekenntnis des Glaubens ist ein Akt des freiwilligen Einstimmens.

Freiwilliges Einstimmen setzt Bildung voraus. Wenn man den Protestantismus eine Bildungsreligion genannt hat, dann liegt die Ursache dafür in der ihm eigentümlichen positiven Bestimmung des Verhältnisses von Vernunft und Glauben. Er orientiert sich am Leitbild des mündigen Christen, der in der Lage ist, über seinen Glauben Auskunft zu geben. Wer die Rolle des Glaubens für die Vernunft und die Rolle der Vernunft für den Glauben ernst nimmt, der wird nicht annehmen, dass religiöse Bildung sich in aufsagbarem Wissen erschöpft – so sehr man wünschen möchte, dass Christen wieder mit größerer Selbstverständlichkeit einen Kanon von biblischen Texten, Bekenntnissen, Liedern und Gebeten ihr eigen nennen. Ein gebildeter Christenmensch ist jedoch zugleich in der Lage, das persönliche Leben mit einem umfassenden Lebenssinn zu verknüpfen und anderen davon Zeugnis zu geben.

Das schließt die Beheimatung im Eigenen wie die Wahrnehmung des Fremden ein. Der Zugang zum Glaubenswissen der eigenen Religion muss sich heute mit einer Wahrnehmungsfähigkeit für andere Religionen verbinden. Auch die Arbeit der Theologie muss von dieser Doppelaufgabe her wahrgenommen werden. Neben die individuelle Vernunft tritt in Gestalt der Theologie die wissenschaftliche Vernunft.

Wissenschaftliche Theologie ist für die Selbstvergewisserung des Glaubens und damit für die Kirche unentbehrlich. Die Kirche ist stets auf die gründliche wissenschaftliche Auseinandersetzung mit den Quellen und Klassikern des christlichen Glaubens angewiesen. Sie braucht die gründliche Erarbeitung ihrer Geschichte und den Stachel, der darin liegt, dass liebgewordene Ansichten als Irrtümer erkannt werden.

Aber nicht nur die individuelle und die wissenschaftliche, sondern auch die öffentliche Vernunft ist eine kritische Bündnispartnerin des Glaubens. Gewiss zeigen sich die Glaubwürdigkeit und die Anziehungskraft des Glaubens zu allererst in der religiösen Praxis, in gehaltvollen Gottesdiensten, in der diakonischen Zuwendung zu den Schwachen, im verantwortlichen Handeln eines jeden in seinem Beruf. Doch notwendig ist ebenso der öffentliche Dialog über den Sinn des christlichen Glaubens und seine praktischen Folgen. Wenn beispielsweise Kunst und Religion einander ins Gehege kommen, weil künstlerische Freiheit und religiöse Gefühle aufeinander stoßen, dann muss eine ebenso offene wie differenzierte Debatte erfolgen, weil unsere Freiheit Religion und Kunst zugleich umfasst. Die bisweilen mangelnde Auseinandersetzung kirchlicher Kreise mit der Kunst der Gegenwart muss dann genauso zum Thema werden wie das bisweilen allzu schlichte Niveau künstlerischer oder intellektueller Religionskritik.

Die kritische Begleitung des Glaubens durch die Vernunft hat nicht zuletzt Konsequenzen für das Verständnis der Kirche. Die Kirche verkündigt nicht nur anderen die Wahrheit, die ihr anvertraut ist. Sie ist als Gemeinschaft der Glaubenden vielmehr auch selbst die Adressatin dieser Wahrheit. Sie herrscht nicht über diese Wahrheit, sondern dient ihr; sie verfügt nicht über sie, sondern bleibt auch selbst hinter ihr zurück. Deshalb muss sie ihr eigenes Handeln und ihre Gestalt immer wieder in das Licht der Glaubenswahrheit rücken. Sie steht selbst in der Geschichte und ist mit der Wahrheit, die alle Geschichte übersteigt, nicht identisch. Sie muss sich ihrer Geschichtlichkeit bewusst sein und darf sich selbst nicht schonen, wenn es darum geht, die eigene Schuld zu bekennen.

Wie lange hat es gedauert, bis die Christenheit ihr Verhältnis zum säkularen Staat bestimmt, die Menschenrechte bejaht oder mit der Demokratie als Lebensform Frieden geschlossen hatte? Dabei waren das alles Entwicklungen, die dem christlichen Glauben selbst den entscheidenden Impuls verdankten – und doch waren die damit verbundenen kirchlichen Lernprozesse allzu zögerlich. Wie zäh haben sich Formen der Gewalt im Christentum festgesetzt? Wie tief hatte sich der Antijudaismus in unsere Glaubensvorstellungen gefressen? Das Verhältnis von Vernunft und Glaube schließt dunkle Kapitel ein.

Auch im Dialog mit dem Islam sind diese Kapitel nicht zu verschweigen. Wenn der Islam, der über weite Strecken eine Religion der Herrschaft ist, dem Frieden dienen soll, den sein Name enthält, dann muss das Christentum, das eine Religion der Liebe ist, auch von den Verschattungen dieser Liebe in seiner eigenen Geschichte sprechen. Nur so kann für die heilsame Verbindung von Vernunft und Glaube geworben werden. Eine Kirche, die ihre Geschichte auch im Licht solcher heilsamer Revisionen und Reformationen sieht, wird sich auch in Zukunft für bessere Einsichten öffnen. Sie wird um der Zusammengehörigkeit von Vernunft und Glauben willen in der Bereitschaft zur Erneuerung eine bleibende Verpflichtung sehen – ecclesia semper reformanda: die Kirche bedarf der ständigen Erneuerung.

3. Ethische Konsequenzen

In Fragen ethischer Verantwortung hat sich in den letzten Jahrzehnten ein breites Feld der Übereinstimmung zwischen den Kirchen gezeigt. In Deutschland ist das in einer Reihe von gemeinsamen Erklärungen zum Ausdruck gekommen. Unter ihnen haben die Grundsatzäußerung zu Fragen des Lebensschutzes („Gott ist ein Freund des Lebens", 1989) und das Gemeinsame Wort zur wirtschaftlichen und sozialen Lage („Für eine Zukunft in Gerechtigkeit und Solidarität", 1997) besondere Bedeutung erlangt. Das Gemeinsame Wort zur Zukunft des demokratischen Gemeinwesens („Demokratie braucht Tugenden", 2006) ist das jüngste Beispiel in der Kette solcher gemeinsamer Äußerungen. Sie sind zugleich ein kostbares ökumenisches Gut und ein wichtiger Beitrag zur ethischen Urteilsbildung.

Doch auch hier gilt: Trennungen zu überwinden, bedeutet nicht, Unterschiede zu nivellieren. Papst Benedikt XVI. hat mit Bedacht seine erste Enzyklika („Deus caritas est") im Januar 2006 ethischen Fragen gewidmet. Dabei hat er eine klare biblische Orientierung mit einer Haltung verbunden, die sich an der hervorgehobenen Bedeutung des kirchlichen Lehramts auch in ethischen Fragen ausrichtet. Auch die sein Denken prägende Verhältnisbestimmung von Glauben und Vernunft zeigt sich von einer besonderen Seite, wenn er in diesem Zusammenhang pointiert von einer „Reinigung der Vernunft" spricht. Diesem Motiv soll deshalb zunächst nachgegangen werden, bevor in grundsätzlicher Weise auf die ethische Urteilsbildung der evangelischen Kirche reflektiert wird. Ein Gedankengang zu einer evangelischen Tugendlehre schließt dieses Kapitel ab.

„Reinigung der Vernunft"?

In seiner ersten Enzyklika „Deus caritas est" widmet Papst Benedkt XVI. sich ausführlich dem Verhältnis zwischen kirchlichem Liebeshandeln und staatlichen Aufgaben, etwas verkürzt gesagt: zwischen Kirche und Staat. Die Ausarbeitung dieser Unterscheidung begleitet insbesondere die westliche Christenheit seit ihren Anfängen. In der Unterscheidung der beiden „Bürgerschaften" (*civitates*) hat der Kirchenvater Augustin im 5. Jahrhundert dafür ein prägendes Grundmodell gefunden. Kirchenpolitisch einflussreich wurde vor allem die Zuspitzung des Gedankens in der Lehre von den „zwei Schwertern". Mit ihr trat Papst Gelasius I. dem oströmischen Kaiser Anastasios I. entgegen, als dieser in einen kirchlichen Lehrstreit eingreifen wollte. Der Brief des Papstes aus dem Jahr 494 beschreibt das Verhältnis zwischen geistlicher und weltlicher Gewalt mit folgenschweren Worten: „Zwei sind es nämlich, erhabener Kaiser, von denen diese Welt hauptsächlich regiert wird: die geheiligte Autorität der Bischöfe und die königliche Gewalt. Unter diesen beiden wiegt die Last der Priester umso schwer, als sie dem Herrn im göttlichen Gericht auch für die Könige Rechenschaft ablegen müssen." Aus dieser stellvertretenden Funktion des kirchlichen Amts wurde seitdem – bei aller Unterscheidung der Gewalten – eine besondere Weisungsbefugnis des kirchlichen Amts – eine „indirekte Macht" (*potestas indirecta*), wie man später sagte – in weltlichen Fragen abgeleitet.

Die evangelische Christenheit hat von ihren Anfängen her die Differenz zwischen kirchlichem Auftrag und politischer Macht durch die Unterscheidung zwischen den beiden Regimenten Gottes zu erfassen gesucht – eine Unterscheidung, die später unter den eher irreführenden Begriff der „Zwei-Reiche-Lehre" gebracht wurde. Der Grundgedanke der (besser so genannten) Zwei-Regimenten-Lehre besteht darin, dass zwischen zwei Regierweisen Gottes zu unterscheiden ist, von denen eine auf die äußere Ordnung des menschlichen Zusammenlebens, die andere auf die Beziehung zwischen Gott und Mensch gerichtet ist. Es entspricht diesem Grundgedanken, dass der Staat die Religion nicht vorschreiben darf, sondern deren Freiheit anerkennen und gewährleisten muss; eine Einmischung in Glaubensfragen ist der Obrigkeit untersagt. Ebenso gilt, dass die Kirche keine unmittelbar politische Aufgabe hat. Sie hat die Pflicht zum politischen Ratschlag, aber sie nimmt keine unmittelbare politische Weisungsbefugnis in Anspruch.

So wenig Glaube und Politik, Kirche und Staat miteinander vermischt werden dürfen, so wenig können sie voneinander getrennt werden. An diese gemeinsame Einsicht der unterschiedlich akzentuierten christlichen Traditionen knüpft Papst Benedikt XVI. in seiner Enzyklika vom Januar 2006 an. Kirche und Staat müssen zugleich sinnvoll voneinander unterschieden und aufeinander bezogen werden. Die Enzyklika konzediert ausdrücklich eine „Autonomie des weltlichen Bereichs". Vorausgesetzt ist dabei das Konzept einer vom Menschen zu erkennenden Eigengesetzlichkeit alles Geschaffenen, wie es der Pastoralkonstitution „Gaudium et spes" des Zweiten Vatikanischen Konzils zugrunde liegt, worauf die Enzyklika an dieser Stelle verweist.

Ausdrücklich sagt das Zweite Vatikanische Konzil, dass die „geschaffenen Dinge und auch die Gesellschaften ihre eigenen Gesetze und Werte haben, die der Mensch schrittweise erkennen, gebrauchen und gestalten muss". Diese Auffassung findet ihre Begründung darin, dass die Eigengesetzlichkeit der weltlichen Bereiche nur gedacht werden kann aufgrund ihres Geschaffenseins. Vorausgesetzt ist ein Gesamtverständnis von Wirklichkeit, deren Geschaffensein durch einen Schöpfer von der Vernunft erkannt werden kann. Von daher kann das Konzil in demselben Abschnitt von „Gaudium et spes" betonen: „Vorausgesetzt, dass die methodische Forschung in allen Wissensbereichen in einer wirklich wissenschaftlich methodischen Weise und gemäß den Normen der Sittlichkeit vorgeht, wird sie niemals in einen echten Konflikt mit dem Glauben kommen, weil die Wirklichkeiten des profanen Bereichs und die des Glaubens in demselben Gott ihren Ursprung haben."

Gerade wegen der notwendigen Unterscheidung zwischen geistlichem und weltlichem Regiment drängt die evangelische Theologie hinsichtlich des Begriffs der „Autonomie" auf Klarheit. Spätestens in der Barmer Theologischen Erklärung aus dem Jahr 1934 schlägt sich in der evangelischen Urteilsbildung die Einsicht nieder, dass man gut daran tut, nicht von einer Autonomie oder gar Eigengesetzlichkeit des weltlichen Bereichs zu sprechen. Denn die Rede von einer „Autonomie" oder „Eigengesetzlichkeit" des weltlichen Bereichs legt den – unzutreffenden – Gedanken nahe, es gebe „Bereiche unseres Lebens, in denen wir nicht Jesus Christus, sondern anderen Herren zu eigen wären, Bereiche, in denen wir nicht der Rechtfertigung und Heiligung durch ihn bedürften" (Barmer Theologische Erklärung). Solche Bereiche gibt es im Sinne der recht verstandenen Zwei-Regimenten-Lehre nicht; und es kann sie nicht geben. Denn Gott ist und bleibt der Herr beider Regimente. Deshalb können und dürfen die beiden Regimente nicht voneinander getrennt werden, und es kann und darf sich keine „Eigengesetzlichkeit" entwickeln. Der eine und selbe Gott ist es, der die Welt auf zweierlei Weise (also mit zwei Regimenten) regiert. Die Rede vom „Reich der Welt" kann deshalb nicht bedeuten, dass es eine Eigengesetzlichkeit *gegenüber* Gottes Willen und seiner weltlichen Regierweise geben könnte. Es kann sich also, wenn man das Wort verwenden will, allein um eine Eigengesetzlichkeit der weltlichen Regierweise Gottes gegenüber seiner geistlichen Regierweise handeln. Vor diesem Hintergrund ist zu unterstreichen: Wenn, weil und insofern der eine und selbe Gott die Welt auf zweierlei Weisen regiert, kann es jedenfalls keine Autonomie des weltlichen Bereiches (im Sinne einer Eigengesetzlichkeit gegenüber Gottes Willen) geben.

Auch die Enzyklika sieht dieses Problem. Sie löst es durch das Konzept einer gereinigten Vernunft: Die Vernunft könne ihre Aufgabe nicht wirklich erfüllen, wenn sie nicht in einem ethischen Sinne „gereinigt" werde. Die Vernunft kann, so die Enzyklika, durch das Obsiegen des Interesses und der Macht geblendet werden und sogar völlig erblinden. Sie bedarf daher von außen her der Erleuchtung oder der Reinigung.

Die Metapher von der „Reinigung der Vernunft" versucht somit das Problem zu lösen, das aus dem Gedanken der „Autonomie des weltlichen Bereichs" entsteht. Aber was bedeutet nun dieser Begriff der „Reinigung" und insbesondere der komplexe Begriff der „Reinigung der Vernunft"? Dieser Begriff, der in der Aufklärungszeit beispielsweise in der Debatte zwischen Kant und dem Philosophen Johann Georg Hamann eine zentrale Rolle spielte, wird hier offensichtlich in einem neuen Sinn verwendet.

Von „Reinigung" ist in beiden Teilen der Enzyklika die Rede. In ihrem ersten Teil wird die Liebe als reinigungsbedürftig verstanden: Der *Eros* bedarf der Reinigung und Reifung, dies ist Bedingung seines Aufstiegs zur göttlichen, auf Ewigkeit zielenden Macht. Der *Eros* wird durch den *Logos* gereinigt und kann so mit der *Agape* verschmelzen. Im zweiten Teil der Enzyklika wird gefordert, dass die Vernunft davon gereinigt werden müsse, durch Interessen oder durch Macht geblendet zu werden. Die Funktion der katholischen Soziallehre sei nicht, der Kirche Macht über den Staat zu verschaffen, sondern zur Reinigung der Vernunft beizutragen. Dies leiste sie „von der Vernunft und vom Naturrecht" her, also auf der Grundlage dessen, was allen Menschen „wesensgemäß", damit kraft ihrer menschlichen Verfasstheit erkennbar und einsichtig sei. Obwohl die Vernunft grundsätzlich als „selbstverantwortlich" bezeichnet wird, bedarf sie im konkreten Vollzug, um solche Reinigung zu erlangen, demnach um ihrer selbst willen des Beistands der Kirche, um zur „Reinigung der Vernunft und zur Weckung der sittlichen Kräfte" gelangen zu können.

Damit wird einerseits eine Universalität der Vernunft postuliert, ohne dass ausdrücklich auf die Vielzahl von Rationalitäten Bezug genommen wird, die nicht nur im Blick auf einzelne Bereiche der Wirklichkeit, sondern ebenso auch auf die Deutung des Weltganzen miteinander im Konflikt liegen. Insofern hat diese Betrachtungsweise an der Aporie jedes idealisierenden Vernunftkonzepts Anteil, das von der Allgemeinheit, Notwendigkeit und universalen Gültigkeit des wahren Wissens ausgeht und alle überhaupt denkbaren Formen der Rationalität aus dieser Einheit der Vernunft ableitet. Wenn demgegenüber jedoch Rationalität selbst einen multiperspektivischen und somit pluralen Charakter hat, dann kann auch die in der katholischen Soziallehre enthaltene Rationalität nur eine unter vielen sein; und es kann gerade nicht im vorhinein und für jeden Fall als sicher vorausgesetzt werden, dass sie mit anderen Perspektiven auf die Autonomie weltlicher Bereiche zur Deckung kommt. Sie kann also für deren angemessene Deutung nicht im Vorhinein einen Alleinvertretungsanspruch geltend machen.

Dem unausweichlichen Deutungsstreit, der durch die Rede von der Autonomie der weltlichen Bereiche eben gerade nicht ausgeschlossen wird, scheint die Enzyklika so entgehen zu wollen, dass sie eine Reinigung der weltlichen Vernunft für notwendig erklärt, für die eine besondere Verantwortung der Kirche zu konstatieren ist. Gegenüber der Tradition einer Lehre von der *potestas indirecta* (der indirekten Gewalt) der Kirche in weltlichen Angelegenheiten aber ist dies, wie man wohl zugeben muss, nur ein gradueller, nicht ein prinzipieller Unterschied – obwohl der Begriff der Autonomie zunächst etwas anderes nahe zu legen scheint.

Wenn nun eine im katholischen Sinn als universal gedachte Vernunft als „praktische Vernunft" zur Schaffung von Gerechtigkeit in den Dienst genommen wird und zu diesem Zwecke der Reinigung durch die Kirche und deren

Soziallehre bedarf, stellen sich zumindest folgende Fragen: Wer vollzieht einen solchen Reinigungsprozess, und wie und nach welchen Regeln geschieht er? Welche Mittel und Instrumente stehen der Kirche dabei zu Gebote? Welche tatsächlichen und welche ethischen Grenzen hat ein solcher Reinigungsprozess zu respektieren? Welche Chancen bietet er, und welche Gefahren sind mit ihm verbunden?

Somit wirft das Bild von der „Reinigung der Vernunft" offenbar eine Reihe nicht unbedeutender Fragen auf. An dieser Stelle zeigt sich ein theologischer Klärungsbedarf, der über die Enzyklika selbst hinausweist. Aus evangelischer Perspektive wird nicht nur die Rede von der Autonomie der weltlichen Bereiche in Frage stehen, weil auch das weltliche Regiment als Regiment Gottes bekannt und deshalb die Herrschaft Jesu Christi über alle Bereiche der Welt zum Ausgangspunkt der Urteilsbildung gemacht wird. Aus evangelischer Perspektive wird vielmehr auch der Anspruch, dass allein die Kirche und ihr Amt für die Reinigung der Vernunft verantwortlich seien, kritisch befragt werden, weil eine solche Reinigung (wenn man denn an dieser Metapher festhalten will) eher in einem dialogischen Prozess zu denken ist, bei dem die Kirche keineswegs nur zu lehren, sondern auch zu lernen hat.

Evangelische Ethik

An dieser Stelle zeigt sich, wie eng unterschiedliche ethische Argumentationsfiguren mit unterschiedlich akzentuierten Auffassungen von der Kirche und ihrem Amt verbunden sind. Das sei durch einen knappen Blick auf Grundstrukturen evangelischer Ethik verdeutlicht.

Die ethische Urteilsbildung der evangelischen Kirche beruht auf Sachkenntnis sowie auf Schrift- und Bekenntnisbindung. Sie bezieht ethische Intuitionen in ihre Urteilsbildung ein. Ihre Ergebnisse stützen sich in aller Regel auf vernünftige, einsehbare Gründe und nachvollziehbare Argumentationen. Auch in der Ethik gilt: Was theologisch richtig ist, lässt sich auch vernünftig einsehbar machen. Zumeist gilt auch das Umgekehrte: Was nicht vernünftig ist, kann theologisch nicht richtig sein. Dass theologisches Verstehen auf ein Geheimnis gerichtet ist, das diesem Verstehen immer voraus bleibt, wird durch eine solche These nicht bestritten. Deshalb schließt diese These nicht aus, sondern ein, dass auch die ethische Urteilsbildung letztlich im Gebet der Kirche zu Gott dem Schöpfer und im Gespräch mit dem Herrn der Kirche wurzelt. Dass das Wort vom Kreuz den Juden ein Ärgernis und den Griechen eine Torheit ist, hebt nicht auf, dass der Herr der Kirche sich selbst als *logos* und somit in einer der Vernunft zugänglichen Weise zu erkennen gibt.

Die evangelische Ethik kennt ohne Zweifel eine Pluralität von Argumentationsformen. Doch sie sind als Ausdrucksformen evangelischer Theologie darin verbunden, dass sie nicht final, sondern konsekutiv gedacht sind. Gute Werke sind nicht ein Mittel, von dem die Rechtfertigung der Person erhofft wird, sondern sie haben ihren Grund in der Dankbarkeit für Gottes Gnade. Christen sind motiviert, gute Werke zu tun, weil sie Gott für ihre Rechtfertigung allein aus dem Glauben dankbar sind.

Für die evangelische Theologie folgt die Notwendigkeit der Wahrnehmung öffentlicher Verantwortung aus dem Öffentlichkeitsauftrag der Kirche, der sich seinerseits aus ihrem grundlegenden Verkündigungsauftrag ergibt. Die Verkündigung des Evangeliums darf nicht im versteckten Winkel geschehen, sondern zielt stets auf das Licht der Öffentlichkeit. Dass die ethischen Konsequenzen des christlichen Bekenntnisses öffentlich zur Geltung gebracht werden, ergibt sich deshalb ebenfalls aus diesem Verkündigungsauftrag.

Evangelische Theologie hält daran fest, dass alle Christen in gleichem Maße, wenn auch in unterschiedlicher Weise und gegebenenfalls an jeweils verschiedenen Orten, Verantwortung für die öffentliche Verkündigung des christlichen Glaubens einschließlich seiner ethischen Implikationen tragen. Keineswegs haben allein die kirchlichen Amtsträger die Definitionshoheit über die kirchliche Lehre, und auf keinen Fall sind die einzelnen Christen gleichsam nur verlängerte Arme der jeweiligen amtskirchlichen Position. Im Gegenteil: Daraus, dass kirchliche Stellungnahmen zu ethischen Fragen dem Kriterium der Sachgemäßheit unterliegen, ergibt sich mit innerer Notwendigkeit, dass in der kirchlichen Urteilsbildung die Stimme derer zu Gehör kommen muss, die für den jeweiligen Sachverhalt in besonderer Weise als Experten gelten können.

Gewiss haben kirchliche Stellungnahmen zu ethischen Fragen eine besondere innere Verbindlichkeit für diejenigen, die sich selbst als Glieder der Kirche verstehen. Doch auch für sie gilt, dass diese innere Verbindlichkeit aus einer eigenen Bejahung solcher Stellungnahmen entsteht und weder faktisch noch grundsätzlich mit deren kirchenamtlichem Charakter selbst gegeben ist. Auf der anderen Seite ergibt sich aus dem engen Zusammenhang zwischen dem Verkündigungsauftrag der Kirche und ihren ethischen Stellungnahmen keineswegs, dass diese Stellungnahmen sich nur an diejenigen richten, die sich als Christen an die kirchliche Verkündigung gebunden wissen. Vielmehr will die Kirche mit ihrer Verkündigung im Ganzen wie mit ihren ethischen Stellungnahmen im Besonderen alle Menschen erreichen und überzeugen. Sie wendet sich deshalb auch mit diesen Stellungnahmen an eine allgemeine Öffentlichkeit. Da sie mit ihren Stellungnahmen überzeugen will, ist sie auf Argumentationsformen angewiesen, die zu überzeugen vermögen. Diskursive Argumentation ist deshalb erforderlich sowohl im Blick auf die Begründungen aus der Wahrheit des Glaubens wie auf die Begründungen aus der Evidenz des Sachverhalts, auf den sich die jeweilige Stellungnahme bezieht.

Ethische Urteilsbildung ist nach evangelischem Verständnis auf Schriftgemäßheit angewiesen. Die wesentliche Rückbindung der Prinzipien christlicher Ethik an die Heilige Schrift ist ein unhintergehbares Erbe der Reformation. Damit werden die unverwechselbare Identität und die ursprungsgebundene Kontinuität der christlichen Lehre zum Ausdruck gebracht. Diese Bindung an die Heilige Schrift schließt die Bekenntnisbindung nicht aus, sondern ein, da die Bindung an das Bekenntnis nach evangelischem Verständnis zur Bindung an die Heilige Schrift nicht ergänzend oder überbietend hinzutritt, ihr aber auch nicht im Wege steht, sondern dient. Da in der öffentlichen Debatte ein vorgängiges Verständnis für die biblischen Grundlagen der christlichen Ethik nicht mehr allgemein vorausgesetzt werden kann, muss die biblische Argumentation in der christlichen Ethik auch in der Öffentlichkeit neu verständlich gemacht werden. Darin liegt eine wichtige Anforderung nicht nur an öffentliche kirchliche Äußerungen, sondern auch an die theologisch-ethische Argumentation.

Ethische Urteilsbildung ist auf sachgemäße Wahrnehmung der Realität angewiesen. Ohne Sachkenntnis sind ethische Urteile nicht möglich. Das Kriterium der Sachgemäßheit setzt die Aufnahme von entsprechender Expertise in die ethische Urteilsbildung voraus. Entsprechend hoch sind die Anforderungen an die interdisziplinäre Kompetenz und Argumentationskraft der theologischen Ethik. In der kirchlichen Urteilsbildung wirkt sich diese Anforderung darin aus, dass in den Kammern und Kommissionen, die als kirchliche Beratungsinstanzen fungieren, Fachleute in angemessenem Umfang vertreten sind beziehungsweise sein sollen. Dem Instrument von ad hoc-Kommissionen und Fachkonferenzen wird in diesem Zusammenhang nach meiner persönlichen Einschätzung neben den auf Dauer angelegten Kammern und Kommissionen eine wachsende Bedeutung zukommen.

Ethische Urteilsbildung vollzieht sich nach evangelischem Verständnis nur in besonderen Fällen als apodiktisches, in vielen Fällen dagegen als hypothetisches Reden. Über die Grenze zwischen beiden Redeformen wird besonders leidenschaftlich gestritten. In der evangelischen Kirche ist die Kontroverse um den Bekenntnisfall (den *casus* oder *status confessionis*) eine exemplarische Form dieses Streits.

Aus einer katholischen Perspektive ist möglicherweise das Ausmaß befremdlich, in welchem Umfang ethische Urteile in der evangelischen Kirche im Bereich des Hypothetischen bleiben. Aus einer evangelischen Perspektive ist möglicherweise befremdlich, in welchem Umfang ethische Urteile in der katholischen Kirche zwar apodiktisch ausgesprochen werden, aber in der Praxis der Kirche gleichwohl hypothetisch modifiziert werden. Vielleicht dient es der Transparenz ethischer Urteile auch in öffentlichen Stellungnahmen der Kirchen, wenn die Bedingungen ausdrücklich angegeben werden, unter denen sie gelten sollen. Es wird auch für die Adressaten solcher Stellungnahmen innerhalb wie außerhalb der Kirchen leichter, kirchliche Empfehlungen für sich selbst anzunehmen, wenn sie auf eine solche Weise prüfen können, ob ihnen die zu Grunde liegenden Annahmen einleuchten.

Als Beispiele seien genannt: *Wenn* die Verpflichtung auf den Frieden sich nicht darin erschöpft, selbst an der Ausübung von Gewalt nicht beteiligt zu sein, sondern die Ausübung von Gewalt effektiv zu verhindern, *dann* ist auch das Eintreten für militärgestützte Maßnahmen der Sicherheitspolitik nicht generell zu verwerfen. *Wenn* Frieden und Sicherheit nicht alleine durch militärische Maßnahmen garantiert werden können, *dann* bedarf es daneben und ergänzend ziviler Mittel zur Sicherung des Friedens. *Wenn* die Stufen der Entstehung menschlichen Lebens kein klares Indiz dafür enthalten, dass die Teilhabe an der Menschenwürde erst von einer bestimmten Stufe an zugesprochen werden kann, *dann* verpflichtet das Menschenwürdegebot dazu, auf das Mittel der Präimplantationsdiagnostik generell zu verzichten. *Wenn* in der ethischen Abwägung zwischen dem Lebensrecht des Embryos und dem hohen ethischen Rang einer Forschung an embryonalen Stammzellen mit möglicherweise lebensrettenden Konsequenzen ein Kompromiss den Zugriff auf Stammzelllinien ermöglichte, die vor 2002 angelegt wurden, diese aber für dieses Forschungsziel untauglich geworden sind, *dann* ist es erwägenswert, den entsprechenden Stichtag einmalig zu verschieben. *Wenn* die Mittel der Reproduktionsmedizin überhaupt zugelassen werden, *dann* entsteht zugleich eine Verpflichtung, dass das so entstehende menschliche Leben bejaht wird und die auf diese Weise herbeigeführten Schwangerschaften „gelingen". *Wenn* Energiegewinnung aus Atomkraftwerken in ein unaufhebbares Entsorgungsdilemma hineinführt, *dann* ist sie ethisch auf Dauer nicht zu verantworten. *Wenn* die Menschheit im globalen Maßstab weiterhin wächst, *dann* müssen neben Möglichkeiten der sparsamen Energieverwendung auch zusätzliche Möglichkeiten der Energieerzeugung genutzt werden.

Diese Beispiele sind mit Absicht so gewählt, dass deutlich wird: Ein solches Vorgehen eröffnet einen fairen Zugang zu Alternativen der ethischen Orientierung. Dahinter steht die Überzeugung: Auch dort, wo kirchliche Stellungnahmen schließlich in ein apodiktisches Urteil münden, dient es der Kommunikation über dieses Urteil, wenn die entgegenstehende Argumentation fair gewürdigt worden ist. Das apodiktische Urteil ist nicht der erste, sondern der letzte Schritt der ethischen Stellungnahme.

Ein solches Vorgehen hilft dabei, nicht auch dort Alternativen zu sehen, wo es sich in Wahrheit um einander ergänzende Möglichkeiten handelt. Auch dafür ein Beispiel: *Wenn* künftig aus demographischen Gründen mit einem Mangel an Fachkräften zu rechnen ist, *dann* kann es richtig sein, sich um eine Erhöhung der Geburtenrate zu bemühen, mehr Frauen zu einer Vollzeittätigkeit zu motivieren, qualifizierte Zuwanderer zu integrieren, geringer Qualifizierten zusätzliche Qualifikationen zu eröffnen, die Wochen- beziehungsweise Jahresarbeitszeit branchenspezifisch zu verlängern, Ältere zu ermutigen, länger zu arbeiten. Ein solches Beispiel zeigt, dass nicht jeder in der Form einer Alternative vorgebrachte Vorschlag auf einer ethischen Alternative beruht.

Evangelische Tugendlehre?

Der Hinweis auf Unterschiede zwischen der katholischen Moraltheologie und der evangelischen Ethik darf freilich die Gemeinsamkeiten zwischen ihnen nicht überdecken. Auch die ethischen Aussagen der verschiedenen christlichen Kirchen beruhen auf den gemeinsamen Fundamenten des christlichen Glaubens. Und sie haben teil an den gemeinsamen Traditionen der christlichen Theologie. Das sei an einem besonders wichtigen Beispiel verdeutlicht.

Die Rede von den drei theologischen Tugenden, nämlich Glaube, Hoffnung und Liebe, ist eine große gemeinsame christliche Tradition. Sie ist ganz gewiss in der mittelalterlichen Scholastik besonders markant vertreten worden, weshalb man sie häufig als „katholisch" zu bezeichnen pflegt. Doch die vorreformatorische christliche Tradition ist „katholisch" vor allem in dem Sinn, dass es sich um ein gemeinsames christliches Erbe handelt, um dessen Erneuerung aus den biblischen Quellen die Reformation sich auf ihre Weise bemüht hat.

Von der klassischen Tugendlehre aber gilt in einem ganz besonderen Sinn, dass sie ein gemeinchristliches Erbe ist. Denn nicht erst seit dem großen Scholastiker Thomas von Aquin, sondern schon seit den Kirchenvätern Ambrosius, Augustin und Gregor dem Großen gibt es eine ausgeführte christliche Tugendlehre, die neben die vier klassischen Kardinaltugenden – nämlich Gerechtigkeit, Tapferkeit, Klugheit und Maß – die drei theologischen Tugenden Glaube, Hoffnung, Liebe stellt. Dabei geht die Liste der Kardinaltugenden auf den griechischen Philosophen Aristoteles, die Liste der theologischen Tugenden aber auf den Apostel Paulus zurück, dessen berühmter Satz im Hohen Lied der Liebe heißt: „Nun aber bleiben Glaube, Hoffnung, Liebe, diese drei; aber die Liebe ist die größte unter ihnen" (1. Korinther 13, 13).

In der christlichen Tradition gelten die drei theologischen Tugenden als der Gipfel menschlichen Seins. Da nach einem wichtigen Grundsatz der mittelalterlichen Theologie die Gnade die Natur nicht zerstört oder aufhebt, sondern ergänzt und vollendet, erfüllt sich die Bestimmung des Menschen und vollendet sich das Geschick der menschlichen Gattung mit diesen theologischen Tugenden. Natürlich sind auch in der katholischen Tradition diese Tugenden keinesfalls alleinige Leistung des Menschen. Sie sind nicht als Selbstvervollkommnung verstanden, sondern als Geschenk und Auftrag der Gnade Gottes, die dem Menschen, insbesondere im Sakrament des Abendmahls, vermittelt wird und ihm den inneren Raum und die seelischen Kräfte eröffnet, diese Tugenden auch wirklich zu leben und ihnen eine praktische Gestalt zu geben.

Man kann also sagen: Die theologischen Tugenden Glaube, Hoffnung, Liebe formulieren die Seelenverfassung eines reifen, erwachsenen autonomen Christenmenschen, der auch in Anfechtungen seinen Glauben bewährt und die Liebe zu seinen Nächsten lebt. Worin besteht nun der spezifische Beitrag des christlichen Glaubens in seiner evangelischen Gestalt zur Tugendfrage? Gibt es überhaupt eine „Evangelische Tugendlehre"? Der evangelische Theologe Konrad Stock hat diese Frage unlängst ausdrücklich bejaht und 1995 eine „Grundlegung der protestantischen Tugendlehre" vorgelegt.

Doch selbstverständlich ist eine evangelische Rede von Tugenden nicht; insbesondere ist es nicht selbstverständlich, vom Glauben als Tugend zu sprechen. Denn aus evangelischer Sicht muss es darum gehen, nicht den Glauben von der Frage nach der Tugend aus, sondern die Tugend von der Frage nach dem Glauben aus zu betrachten. Denn wichtiger als die Frage nach Tugenden ist die Frage nach Gott. Grundlegend für alles Fragen nach Tugenden und Lastern ist das Gottesverhältnis des Menschen. Vor allen Tugendlehren geht es um das Verhältnis von Glauben und Unglauben, von Gottesnähe und Gottlosigkeit.

Die reformatorische Antwort darauf stellt klar, dass wir uns von uns aus eindeutig und unausweichlich in der Position des Unglaubens und der Gottlosigkeit befinden. Keine unserer Tugenden reicht dazu aus, diese Kluft zu überbrücken. Sünde – so lautet die Definition der Reformation – ist ein Leben „ohne Gottesfurcht, ohne Vertrauen zu Gott und mit Begierde." Diese Sünde gibt es nicht im Plural; man hat sie noch nicht dadurch erfasst, dass man „Sünden" aufzählt. Es handelt sich vielmehr um eine grundlegende Verkehrung des menschlichen Daseins, um eine Orientierungslosigkeit, die das ganze Leben betrifft. Aber worum es in dieser Orientierungslosigkeit geht, lässt sich sehr gut im Spiegel der drei „theologischen Tugenden" Glaube, Hoffnung und Liebe verdeutlichen. Es handelt sich um ein Leben ohne Glauben, also ohne Beziehung zu Gott als der alles bestimmenden Wirklichkeit. Es handelt sich um ein Leben ohne Hoffnung, also ohne ein Vertrauen auf die Zukunft, das über die eigene Lebenserwartung und Bestimmungsmacht hinausreicht. Es handelt sich um ein Leben ohne Liebe, also ohne das innere Vermögen, den anderen Menschen um seiner selbst willen für mein Leben als wichtig anzuerkennen.

Dass Gott uns in Christus unsere Sünde vergibt, bedeutet, dass er uns aus dieser Orientierungslosigkeit befreit und uns ein Leben in Glaube, Hoffnung und Liebe neu erschließt. Wir lernen neu, aus der Beziehung zu Gott zu leben, unser Leben aus einer Zukunft zu begreifen, die weiter reicht als unsere Lebenserwartung und Bestimmungsmacht, und den anderen Menschen um seiner selbst willen für unser Leben als wichtig anzusehen.

In dieser Aufhebung der Gottesferne und in diesem neuen Leben in und mit Gott wurzeln alles gute Tun und alle Tugend, also auch alle Tugend des Glaubens. Reformatorisch über Tugend zu reden heißt, den tugendhaften Christen von seiner Gottesbeziehung her zu beschreiben – und nicht die Gottesbeziehung von seiner Tugendhaftigkeit aus. Nicht etwa seine menschliche Größe oder seine moralische Vollkommenheit begründen seine Stellung vor Gott. Sondern Gottes grundlose Zuwendung zum Menschen bewegt ihn dazu, Tugenden für sich selbst als wichtig anzuerkennen und Gutes zu tun, wo immer er kann. Nicht dass der Glaube als Tugend gepriesen wird, sondern dass das Evangelium von der Gerechtsprechung des Gottlosen bezeugt wird, ist der alles entscheidende Ausgangspunkt.

Das gilt nicht nur für die drei „theologischen Tugenden", sondern ebenso auch für die vier klassischen „Kardinaltugenden". Im Horizont der Rechtfertigung des Sünders wird die Tapferkeit zu einem Standhalten angesichts des Zweifels; die Klugheit wird zu einem Suchen nach Gott; die Mäßigung wird zu einem heilsamen Maß in der Anerkennung von Wissen wie von Nichtwissen; die Gerechtigkeit anerkennt die Vorläufigkeit all unserer menschlichen Bemühungen angesichts der Gerechtigkeit, die vor Gott gilt. Die theologische Tugend des Glaubens entfaltet die vier Kardinaltugenden als eine Erwählung zum Fragen, als eine Berufung zum Suchen, als den Auftrag, mit den Grenzen unseres Wissens zu leben, als die Bestimmung dazu, das zu tun, was in den Grenzen unserer endlichen Freiheit möglich ist. Die Tugend des Glaubens befähigt zu einem „geistlichen Wächteramt", das heute genauso wichtig und bedeutsam ist wie das so oft beanspruchte „prophetische", also das „politische Wächteramt". Meine ganze Leidenschaft geht dahin, dass wir aufhören, das eine gegen das andere auszuspielen.

III. Unterschiedliche Profile

Es sind in der gegenwärtigen ökumenischen Landschaft vor allem zwei Aussagen, auf die man immer wieder stoßen kann: „Uns verbindet mehr, als uns trennt!" Und: „Trotz gewisser Irritationen müssen wir den ökumenischen Weg weitergehen!"

Beide Sätze gehören zusammen und kennzeichnen den Kern des heutigen ökumenischen Klimas. In den letzten Jahrzehnten wurde ökumenisch viel erreicht. Falsche Bilder und Vorurteile übereinander wurden abgebaut; gemeinsame Aufgaben wurden nicht nur erkannt, sondern auch in Angriff genommen. Es sind genau diese Fortschritte, die uns heute die Mühen der Hochebene einer „Ökumene der Profile" auferlegen. Wir haben weder einen Grund noch ein Recht dazu, denjenigen Fragen auszuweichen, in denen sich bleibende – jedenfalls einstweilen bleibende – Unterschiede zwischen unseren Kirchen zeigen. Mit dem Abarbeiten von Bildern, die nicht oder nicht mehr zutreffen, ist es heute nicht mehr getan; wir müssen uns vielmehr mit den Unterschieden beschäftigen, die offenkundig bestehen. Und die gemeinsame Wahrnehmung gesellschaftlicher Verantwortung war so ertragreich, dass wir verstärkt an den Grundlagen arbeiten sollten, auf denen diese Gemeinsamkeit beruht; denn nur dann können wir sie in einer lebendigen und nicht nur Bekanntes wiederholenden Weise weiterführen. Wenn wir aber den Überschneidungsbereich gemeinsamer theologischer Haltungen weiter entwickeln wollen, dürfen wir denjenigen Themen nicht ausweichen, in denen wir unterschiedliche Akzente setzen oder verschiedene Wege gehen.

Ich bin davon überzeugt, dass die Würdigung dieser neuen Konstellation uns auf dem Weg in eine reife, mündige Ökumene voranbringen kann. Dagegen führt es nicht weiter, wenn man sich mit nostalgischem Ton nach den erfolgreichen Aufbruchszeiten der Ökumene zurücksehnt. Die gegenwärtigen Herausforderungen enthalten ihre eigenen Chancen und Möglichkeiten. Ihnen sollten wir uns stellen.

Dankbarkeit für das Erreichte, Verantwortung gegenüber den Gemeinden und ihren berechtigten Erwartungen, Verpflichtung gegenüber dem einen Herrn, zu dem wir uns als Kirche bekennen, bestimmen die folgenden Überlegungen.

1. Das Verständnis der Kirche

Die Verpflichtung zur Einheit

Der Aufbruch der Reformation war von der Absicht bestimmt, zur ursprünglichen Gestalt des Evangeliums zurückzukehren. Nicht die Bildung einer neuen Kirche, sondern die Wiederherstellung der alten Kirche war die Intention. Das Augsburgische Bekenntnis von 1530 formulierte die reformatorischen Einsichten so, dass sie als gemeinsames christliches Bekenntnis erkannt und anerkannt werden sollten. Der gemeinsame Bezug auf die Heilige Schrift, aber ebenso auch auf die altkirchlichen Bekenntnisse gab dem reformatorischen Aufbruch von Anfang an einen ökumenischen Impuls. Mit der verbindlichen Geltung der altkirchlichen Bekenntnisse verband sich die Idee, die Epoche der altkirchlichen Konzilien und der Kirchenväter als den Zeitraum einer in den fünf ersten christlichen Jahrhunderten gewachsenen Übereinstimmung (*consensus quinquesaecularis*) auszuzeichnen. So standen die Kirchen der Reformation von Beginn an unter einem ökumenischen Auftrag. Dieser Ansatz wurde durch wechselseitige konfessionelle Polemik ebenso verdunkelt wie durch die verheerenden Auswirkungen der konfessionellen Bürgerkriege. Deshalb waren die nachreformatorischen Jahrhunderte in hohem Umfang durch einen Geist der Abgrenzung geprägt.

Die römisch-katholische Kirche in der heute vertrauten Gestalt gibt es streng genommen erst seit dem Tridentinischen Konzil der Jahre 1545 bis 1563, das als 19. ökumenisches Konzil der katholischen Kirche gezählt wird. Denn die Bestimmungen in Lehre und Leben, die in diesen Jahren als Gegenentwurf zur Reformation Martin Luthers gefasst wurden, bedeuteten eine tiefgreifende Veränderung des katholischen Selbstverständnisses, das von nun an auch durch einen klaren Unterscheidungswillen gegenüber den reformatorischen Einsichten ausgezeichnet war. Im Grunde kann man daher die sich dann entwickelnde römisch-katholische Kirche als Zwillingsschwester der reformatorischen Kirchen verstehen. Beide unternahmen je auf ihre Weise den Versuch, auf die in ihrer Entstehung eng mit der Reformation verbundene moderne Welt geistlich zu reagieren.

Seither verstehen sich die beiden großen westlichen Konfessionen als zwei verschiedene Formen oder Varianten der einen, heiligen, allgemeinen und apostolischen Kirche, in welcher der lebendige Christus den Weg zu den Menschen auf unterschiedliche Weise sucht. Aber sie haben in der jüngeren Vergangenheit hinter dem Unterscheidenden auf das Gemeinsame zu achten gelernt.

Einen Durchbruch zu einem Neuansatz brachte das 20.

Jahrhundert, das insofern zu Recht als „Jahrhundert der Ökumene" bezeichnet werden kann. Nun erkannte man die verpflichtende Bedeutung des ökumenischen Auftrags neu, für dessen biblische Grundlegung man sich auf das Hohepriesterliche Gebet Jesu berief, in dem es heißt: „Ich bitte aber nicht allein für sie, sondern auch für die, die durch ihr Wort an mich glauben werden, damit sie alle eins seien. Wie du, Vater, in mir bist und ich in dir, so sollen auch sie in uns sein, damit die Welt glaube, dass du mich gesandt hast" (Johannes 17, 20 f.).

Heute ist uns in unseren Kirchen bewusst, wie stark das Band der Einheit schon ist. Die gemeinsame Bibel als Grundlage und Richtschnur, die großen altkirchlichen Bekenntnisse als gemeinsame Glaubensregel (*regula fidei*), die Taufe als „sakramentales Band der Einheit" und die gemeinsame Verpflichtung zu Frieden und Gerechtigkeit verbinden uns. Die wechselseitigen Lehrverurteilungen des Reformationsjahrhunderts sind aufgearbeitet, auch wenn diese Aufarbeitung nicht so klar rezipiert ist, wie das wünschenswert wäre. Einen Konsens in der zentralen Thematik der Reformation hat die Gemeinsame Offizielle Feststellung zur Gemeinsamen Erklärung zur Rechtfertigungslehre formuliert. Dieser Schritt ist von großer Bedeutung, auch wenn evangelische Theologen in Deutschland an der Tragfähigkeit dieser Formulierung Zweifel angemeldet haben und die nächsten Schritte, die damals verabredet wurden, bisher nicht sehr weit vorangekommen sind. Zu diesen Verabredungen gehörte beispielsweise der Schritt, das gemeinsame Verständnis der Rechtfertigung durch das Studium ihrer biblischen Grundlagen zu vertiefen.

Die Beispiele gemeinsamen Redens und Handelns lassen sich vermehren. Neben ihnen wird man die in den letzten Jahrzehnten gewachsene ökumenische Gemeinschaft in den Gemeinden gar nicht hoch genug schätzen können. Das Erreichte gilt es zu würdigen, zu bewahren und voranzubringen. Dass dabei Kräfte für konkrete Fortschritte vorhanden sind, zeigt beispielhaft die *Charta Oecumenica,* die manche neuen Projekte von ökumenischen Gemeindepartnerschaften am Ort wie über Grenzen hinweg angestoßen hat und weiter anstoßen kann.

Die Differenz im Kirchenverständnis

Die beiden großen Konfessionen werden in Deutschland in der Außenperspektive in erheblichem Umfang als *die christliche Kirche* wahrgenommen. Zwar ist es übertrieben zu behaupten, dass die Menschen nicht im Stande seien, die römisch-katholische und die evangelische Kirche zu unterscheiden – obwohl es natürlich insbesondere bei Kirchenfernen auch das gibt. Aber ohne Zweifel werden jeweils beide Kirchen haftbar gemacht für das, was jemandem an der einen Kirche missfällt oder auch gefällt. Jeder kennt die Berichte darüber, dass ein empörter Zeitgenosse wegen einer Papstäußerung aus der evangelischen Kirche austritt. Umgekehrt ist denkbar, dass ein katholischer Christ wegen der Äußerung einer evangelischen Bischöfin, die ihn überzeugt hat, wieder in seine katholische Kirche zurückfindet.

Die Christen in Deutschland sitzen in einem Boot; und gemeinsam können sie das Boot zu beachtlicher Geschwindigkeit bringen. Diese Gemeinsamkeiten zu leugnen oder zu konterkarieren, schadet allen; denn dadurch würden wir es denen besonders leicht machen, die eine weitere Schwächung der Religion und des Glaubens, der Kirchen und des Christentums insgesamt anpeilen. Schon aus diesem Grund halte ich die Vorstellung, es gehe heute darum, eine „Konsensökumene" durch eine „Differenzökumene" abzulösen, für wenig hilfreich. Das Konzept einer Ökumene der Profile sollte man nicht mit einer solchen Differenzökumene gleichsetzen. Dass darin keine zureichende Beschreibung der gegenwärtigen ökumenischen Situation zu sehen ist, zeigen exemplarisch örtliche, regionale und zentrale ökumenische Gottesdienste oder gottesdienstliche Feiern. Sie werden in verstärktem Maß in Anspruch genommen und finden Beachtung.

Insgesamt stehen unsere beiden Kirchen in der mittel- oder langfristigen Perspektive vor annähernd ähnlichen Entwicklungen im Blick auf das Mitgliedschaftsverhalten. Es gibt eine ökumenische Gemeinsamkeit in der Umwandlungskrise; die damit verbundenen Herausforderungen können wir noch weit intensiver gemeinsam zu bewältigen versuchen. Denn es ist durchaus denkbar, dass Aufgaben für unsere Kirchen – und auch für Diakonie und Caritas – gemeinsam wahrgenommen werden, deren getrennte Wahrnehmung keineswegs um konfessioneller Besonderheiten willen vonnöten ist. Das setzt eine Atmosphäre ökumenischen Vertrauens voraus. Sie zu bewahren und weiterzuentwickeln, ist auch unter einem solchen Gesichtspunkt ein hohes Gut.

Dies alles geschieht, obwohl im Kirchenverständnis grundlegende Differenzen zwischen evangelischer und katholischer Kirche fortbestehen. Die je unterschiedliche Weise der Bezeugung des Evangeliums kann man sich beispielhaft daran erschließen, dass dem reformatorischen „Christus allein" (*solus Christus*) auf katholischer Seite der die Kirche einschließende „ganze Christus" (*totus Christus*) gegenübergestellt wird. Das *solus Christus* formuliert einen

Einspruch für den Fall, dass die Kirche sich selbst so absolut setzt, dass etwa eine kritische Funktion der Schrift ihr gegenüber ausgeschlossen oder eine sakramentale Wirklichkeit außerhalb ihrer geschichtlich gewordenen Kirchengestalt bestritten wird. Das *totus Christus* wiederum kann daran erinnern, dass Christus die Verheißung seiner Selbstvergegenwärtigung an die geschichtliche und letztlich gottesdienstliche Vermittlung durch Kirche, Tradition, Wort und Sakrament gebunden hat.

Der durch das Konzil von Trient geprägte Katholizismus nimmt das Ärgernis der Sichtbarkeit auf sich; in der Gewissheit, dass Christus das Subjekt der Kirche ist, nimmt die Kirche Autorität in Anspruch und beruft sich auf einen Auftrag, um dessentwillen sie sich keiner weltlichen Macht unterordnen kann. Sie repräsentiert die Gegenwart des Göttlichen, noch ehe der Einzelne in seinem eigenen Leben und Glauben dem Göttlichen persönlich begegnet ist. Positiv geurteilt schafft das Freiheit und Distanz zur Welt. Die römisch-katholische Kirche mutet sich selbst und ihren Gliedern zu, Konflikte zwischen Zeitgeist und kirchlichen Normen auszuhalten; und die Bindung an den Papst reduziert die Anfälligkeit für Nationalismus und Staatshörigkeit. Es sind diese Stärken des richtig verstandenen „Ultramontanismus" und weltkirchlichen Universalismus, die der evangelischen Seite Respekt und Achtung abnötigen.

Einheit in Vielfalt

Der unerlässliche nächste Schritt liegt darin, einen ökumenisch tragfähigen Umgang mit den bleibenden Unterschieden zwischen unseren Kirchen zu finden. In diese Bemühungen bringen die Kirchen der Reformation ihre eigenen Lernerfahrungen mit ein.

Die reformatorischen Kirchen haben 1973 mit der „Leuenberger Konkordie" ein Grundmodell der Kirchengemeinschaft entwickelt, das eine Kanzel- und Abendmahlsgemeinschaft und somit auch eine Kirchengemeinschaft von lutherischen, reformierten und unierten Kirchen ermöglicht. Dieses Einheitsmodell achtet die Verschiedenheit der Kirchen, ohne die Übereinstimmung im Grundsätzlichen zu vernachlässigen. Denn nach dem 7. Artikel des Augsburgischen Bekenntnisses genügt dafür eine Übereinstimmung in Bezug auf die rechte Lehre des Evangeliums und die evangeliumsgemäße Feier der Sakramente.

Dieser Zugang zur Frage ökumenischer Gemeinschaft ist keine willkürliche Entscheidung im Bereich der reformatorischen Kirchen. Er folgt vielmehr einem ökumenischen Modell, das am deutlichsten in einem Abschnitt des Epheserbriefs formuliert ist. Diesen Abschnitt aus dem Epheserbrief sollte man ebenso wie die entsprechende Passage aus dem Hohepriesterlichen Gebet Jesu als neutestamentlichen Bezugspunkt aller ökumenischen Bemühungen im Gedächtnis behalten. Dort (Epheser 4, 3–6) heißt es: „Seid darauf bedacht zu wahren die Einigkeit im Geist durch das Band des Friedens: ein Leib und ein Geist, ... ein Herr, ein Glaube, eine Taufe; ein Gott und Vater, der da ist über allen und durch alle und in allen." Hier erscheint die Einheit nicht nur als das Ergebnis unserer kirchlichen Bemühungen und ökumenischen Anstrengungen, sondern als eine im Glauben und im kirchlichen Bekenntnis vorgegebene und anerkannte Wirklichkeit. Der große evangelische Theologe Karl Barth hat diesen Blick auf die Ökumene schon im Jahr 1935 folgendermaßen kommentiert: Die Einigung der Kirchen kann

„nicht gemacht werden, sondern nur im Gehorsam gegen die in Jesus Christus schon vollzogene Einheit der Kirche gefunden und anerkannt werden."

Nun wurde von hoher römisch-katholischer Autorität, nämlich vom Präfekten der Päpstlichen Einheitskongregation, Kardinal Walter Kasper, zu dem evangelischen Verständnis von Kirchengemeinschaft verschiedentlich folgende Kritik formuliert: Die katholische Kirche wolle wirkliche Einheit in der Verschiedenheit, also eine Einheit im Glauben, in den Sakramenten und im apostolisch begründeten Bischofsamt. Dagegen habe sich auf der evangelischen Seite eine Auffassung durchgesetzt, die man als „Verschiedenheit ohne wirkliche Einheit" oder als „unversöhnte Verschiedenheit" bezeichnen müsse. Denn es genüge zur Einheit ein gewisser Grundkonsens hinsichtlich des Evangeliums und der Sakramente, im übrigen seien aber „nicht nur vielfältige Ausdrucksformen, sondern auch gegensätzliche Positionen vor allem im Verständnis und in der Gestalt der Ämter" möglich. Wenn aber, so fügte Kardinal Kasper ausdrücklich hinzu, „ein solches Nebeneinander unterschiedlicher, ja gegensätzlicher Kirchenformen als Ökumene der Profile definiert wird, dann ist das für uns entschieden zu wenig. Damit täuscht man etwas vor, was in Wirklichkeit nicht existiert."

Diese kritische Kommentierung des evangelischen Verständnisses von Kirchengemeinschaft aus römischer Perspektive erscheint mir nicht als hilfreich; insbesondere erscheint es mir nicht als ökumenisch weiterführend, die Kirchengemeinschaft, die von den evangelischen Kirchen in Europa gemäß dem Leuenberger Modell praktiziert wird, als „in Wirklichkeit nicht existent" zu qualifizieren. Dadurch ist keineswegs nur die Gemeinschaft betroffen, die zwischen den Mitgliedskirchen der Gemeinschaft evangelischer Kirchen in Europa (Leuenberger Kirchengemeinschaft) besteht. Betroffen ist vielmehr auch die Kanzel- und Abendmahlsgemeinschaft zwischen der Kirche von England oder der Altkatholischen Kirche und der Evangelischen Kirche in Deutschland. Weitere Beispiele lassen sich nennen, in denen Gemeinschaft zwischen Kirchen besteht, obwohl in der Amtsfrage keine volle Übereinstimmung erreicht wurde. Von all dem kann und sollte man nicht sagen: „Damit täuscht man etwas vor, was in Wirklichkeit nicht existiert."

Es kann durchaus sein, dass im römisch-katholischen Raum eine ganz spezifische Definition von Einheit in der Vielfalt vorherrscht, aber eine Abqualifizierung evangelischer Einheitsvorstellungen als „Verschiedenheit ohne wirkliche Einheit" oder als „unversöhnte Verschiedenheit" lässt doch zu sehr den Eindruck entstehen, es gebe eine Einheit in der Vielfalt nur zu römisch-katholischen Bedingungen. Aber waren wir uns nicht darin einig, dass Ökumene in keinem Fall eine „Rückkehr-Ökumene" zum Ziel haben kann? Hatte nicht das Zweite Vatikanische Konzil gerade darin Türen zur Ökumene aufgestoßen, dass es die Vorstellung von einer Rückkehr-Ökumene hinter sich ließ?

Der Begriff der „Rückkehr-Ökumene" hat seinen Anhaltspunkt an der Enzyklika „Mortalium animos", mit der Papst Pius XI. auf die beginnende ökumenische Bewegung reagierte. Diese Enzyklika aus dem Jahr 1928 konstatierte, dass Kircheneinheit umfassende Glaubenseinheit voraussetze. Alle Christen müssten, damit Kircheneinheit möglich würde, alle Glaubenssätze in gleicher Weise annehmen, sei es über die Dreifaltigkeit Gottes, die unbefleckt empfangene Gottesmutter, die Menschwerdung Gottes aus der Jungfrau Maria oder die Unfehlbarkeit des Papstes. Dieser Enzyklika zufolge galten die Nichtkatholiken als Häretiker, die nur durch die „Rückkehr zur wahren Kirche Christi, von der sie seinerzeit unglückseligerweise abgefallen sind", die erhoffte ökumenische Einheit erlangen können.

Dieser Auffassung gegenüber vollzog das Zweite Vatikanische Konzil einen bemerkenswerten Paradigmenwechsel. Eine heilsgeschichtlich orientierte Hermeneutik öffnete nun den Blick dafür, dass es auch außerhalb der römisch-katholischen Kirche „vielfältige Elemente der Heiligung und der Wahrheit" gebe. Nun wurde auch den Nichtkatholiken der „Ehrenname des Christen" zuerkannt; zugleich wurde ausdrücklich gewürdigt, dass der Geist Christi auch die anderen Kirchen und Gemeinschaften sowie die ökumenische Bewegung „gewürdigt hat, sie als Mittel des Heils zu gebrauchen". Freilich wurde hinzugesetzt, dass „deren Wirksamkeit sich von der der katholischen Kirche anvertrauten Fülle der Gnade und Wahrheit herleitet". In einer heiß umkämpften Entscheidung wurde die Aussage, die römisch-katholische Kirche *sei* die eine heilige Kirche Jesu Christi, durch die Formulierung ersetzt, die eine heilige Kirche Jesu Christi *subsistiere* in der römisch-katholischen Kirche.

Die ökumenische Öffnung der römisch-katholischen Kirche setzte sich in der Zeit Papst Johannes Pauls II. fort. Seine Ökumene-Enzyklika „Ut unum sint" von 1995 sah sogar die Ökumene im Plan Gottes selbst begründet. Freilich behielt sich die römisch-katholische Kirche auch nach diesen Öffnungen vor, von bestimmten christlichen Kirchen zu erklären, sie seien nicht „Kirche im eigentlichen Sinn", und sie deshalb nur als „kirchliche Gemeinschaften" zu bezeichnen. Die von Kardinal Joseph Ratzinger verantwortete vatikanische Erklärung „Dominus Iesus" bekräftigte diese Position im Jahr 2000 noch einmal ausdrücklich.

Doch die Bekräftigung löste mehr aus, als es eine bloße

Wiederholung bekannter Positionen getan hätte. Seitdem wird immer wieder gefragt, ob die römisch-katholische Kirche nicht eine schon einmal erreichte ökumenische Offenheit wieder aufgibt. Insbesondere das Beharren auf gemeinsamen Vorstellungen in der Amtsfrage wirft die Frage auf, ob damit die alte Vorstellung einer „Rückkehr nach Rom" in Gestalt der Forderung „Vorwärts nach Rom" wieder aufleben soll. Der erfahrene Ökumeniker Reinhard Frieling hat diese Frage zu Recht gestellt. Diese Vorstellung knüpft an eine Denkform an, die sich bereits im Ökumenismus-Dekret des Zweiten Vatikanischen Konzils findet. Dieses Dekret redet von der „Fülle der Einheit" genauso wie von der „Fülle der Heilsmittel" und der „Fülle der Katholizität". Sie alle sind prinzipiell in der römisch-katholischen Kirche bewahrt, wenn auch in der pilgernden Kirche, die noch zur endzeitlichen Fülle unterwegs ist, bisweilen verdeckt. Doch dieses zeitweilige Verdecktsein ist etwas anderes als die grundsätzlichen Defizite, durch welche die nichtkatholischen Kirchen von der Fülle der Einheit getrennt sind. Diese Defizite tragen bei den orthodoxen Kirchen einen anderen Charakter als bei den reformatorischen Kirchen. Während die orthodoxen Kirchen wegen ihrer Amtsstruktur und der damit verbundenen Anerkennung ihrer Sakramente als „Schwesterkirchen" bezeichnet werden können, ist die Lage bei den reformatorischen Kirchen demgegenüber durch einen weit grundsätzlicheren Mangel gekennzeichnet. Das zeigt sich vor allem an der Ordination in der evangelischen Kirche, die – so das Ökumenismus-Dekret – durch einen „Defekt" gekennzeichnet ist. Und es zeigt sich ebenso im evangelischen Abendmahl, dem es an der „ursprünglichen und vollständigen Wirksamkeit des eucharistischen Mysteriums" mangelt.

Man muss diese Formulierungen des Zweiten Vatikanischen Konzils in Erinnerung haben, um zu verstehen, dass aus römisch-katholischer Sicht die ökumenischen Beziehungen neuerdings wieder verstärkt nach dem Modell von „Fülle" und „Defekt" gedeutet werden. Insbesondere am Verständnis der evangelischen Ordination und des evangelischen Bischofsamts sollte sich nämlich entscheiden, ob die reformatorischen Kirchen die Kraft aufbringen, die in ihrem bisherigen Amtsverständnis enthaltenen Defizite zu überwinden. Wenn stattdessen in neuen Überlegungen zur Ordination deren Einbettung in den Gedanken der gemeinsamen Verantwortung aller Getauften (des „allgemeinen Priestertums", wie die Reformation sagte) ausdrücklich bekräftigt und in Überlegungen zum evangelischen Bischofsamt der synodale Charakter des Bischofsamts ebenso hevorgehoben wird wie die Gleichberechtigung unterschiedlicher Formen zur Wahrnehmung der bischöflichen Aufgaben (der *Episkope*), dann sehen manche römisch-katholischen Beobachter in solchen evangelischen Klärungsprozessen vor allem einen ökumenischen Rückschritt, nämlich ein Beharren auf evangelischen „Defiziten".

Was die Ordination und das Bischofsamt angeht, so spielt im Blick auf solche „Defizite" ohne Zweifel, wenn auch selten ausdrücklich benannt, eine nicht unwesentliche Rolle, dass in den evangelischen Kirchen Frauen ordiniert werden und kirchliche Leitungsämter wahrnehmen. Mit der Ausnahme einiger weniger lutherischer Kirchen haben alle reformatorischen Kirchen diesen Schritt zur Gleichheit von Frauen und Männern in der Wahrnehmung kirchlicher Ämter mit solcher Klarheit vollzogen, dass eine Rückkehr zu einem nur Männern vorbehaltenen kirchlichen Amt als schlechterdings undenkbar erscheinen muss. Wenn aktuell „Fragen ... des Lebensschutzes, der Familie, der Sexualmoral, der Bioethik, der Frauenordination" (Kasper) in einem Atemzug verhandelt werden, zeigt sich, dass eine Einigung auf der Grundlage des gegenwärtigen römisch-katholischen Amtsverständnisses auch unter diesem Gesichtspunkt unvorstellbar ist.

Ebenso unvorstellbar ist sie unter dem – ebenfalls nur selten thematisierten – Gesichtspunkt, dass im römisch-katholischen Amtsverständnis das Priesteramt mit der Verpflichtung zum lebenslangen Zölibat verbunden ist; im evangelischen Verständnis dagegen ist die im Glauben übernommene Ehelosigkeit eine persönliche Berufung, die nicht zur Voraussetzung für die Übertragung eines kirchlichen Amts gemacht werden kann.

Derartige Überlegungen zeigen: So wenig eine „Rückkehr nach Rom" als ökumenisches Modell taugt, so wenig führt es weiter, wenn das „Vorwärts zur Fülle der Einheit" mit einem „Vorwärts nach Rom" gleichgesetzt wird.

Eine zusätzliche Bemerkung sei einem bereits erwähnten Thema gewidmet, das die ökumenischen Bemühungen immer wieder trübt. Spätestens seit dem vatikanischen Dokument „Dominus Iesus" hat die evangelische Seite immer wieder darauf hingewiesen, dass die von der römisch-katholischen Seite in offiziellen Dokumenten und Situationen stets konsequent angewandte Unterscheidung zwischen Kirchen und kirchlichen Gemeinschaften ökumenisch unsensibel ist. Dennoch spielt diese Unterscheidung immer wieder eine wichtige Rolle. So stellte beispielsweise der Fuldaer katholische Bischof Heinz Josef Algermissen in einem Leserbrief, den die Frankfurter Allgemeine Zeitung am 13. Februar 2006 veröffentlichte, fest, dass doch die Reformationskirchen „selbst gar nicht Kirche im katholischen oder orthodoxen Sinne sein" wollten. Gewiss ist jede kirchliche

Gemeinschaft Kirche im jeweils eigenen theologischen Verständnis. Wenn man diese Leserbriefformulierung mit der vatikanischen Erklärung „Dominus Iesus" im Zusammenhang sieht, dann wird jedoch deutlich: Hier wird „Kirche im katholischen Sinn" mit „Kirche im eigentlichen Sinn" und damit schließlich mit „Kirche schlechthin" gleichgesetzt.

Ob wir mit bleibenden Differenzen zu rechnen haben, ist ökumenisch nicht unumstritten. Denn es ist offen, ob wir uns an einem Modell zukünftiger Einheit ausrichten, das solche Differenzen hinter sich lässt, oder ob wir die künftige Einheit als Gemeinschaft der Verschiedenen deuten. Es mag gute Gründe dafür geben, diese Frage nach dem leitenden Modell der Einheit offen zu lassen. Doch auch dann muss man einräumen, dass es einen Weg zu dieser Einheit nur geben kann, wenn wir uns in unserer Verschiedenheit wechselseitig als Kirchen achten. Einen Weg zu größerer Einheit an einer solchen wechselseitigen Achtung vorbei vermag ich mir dagegen nicht vorzustellen.

Als evangelische Kirche halten wir fest an einem ökumenischen Grundverständnis, in dem wir uns als Kirchen in unseren Unterschieden mit gegenseitigem Respekt und in gegenseitiger Achtung wahrnehmen, um so das gemeinsame Zeugnis zu stärken. Wir wollen gemeinsam tun, was möglich ist; nach Kräften wollen wir die noch bestehende Kluft überwinden. Deshalb bleiben die wechselseitige Anerkennung der kirchlichen Ämter und die Gemeinschaft am Tisch des Herrn Aufgaben, denen wir uns nicht entziehen können.

2. Das Verständnis des kirchlichen Amts

Das Amt des Papstes

Papst Benedikt XVI. hat bei der ökumenischen Begegnung in Köln im Sommer 2005 angeregt, bei der Weiterführung des ökumenischen Dialogs die Trias grundlegender Orientierungspunkte im Sinn zu behalten, die sich als Merkmale des altkirchlichen Konsenses nach der Auseinandersetzung mit der Gnosis herausgestellt haben: die Festlegung des Kanons der Heiligen Schrift, die Formulierung der Glaubensregel (*regula fidei*) im altkirchlichen Bekenntnis und die Ausbildung einer Amtsstruktur, orientiert am monarchischen Episkopat.

Ein Blick auf diese drei Themen zeigt schnell, dass der Konsens hinsichtlich der Bedeutung der Heiligen Schrift und ihres Kanons sowie im Blick auf die Bedeutung der altkirchlichen Bekenntnisse sehr viel weiter entwickelt ist als im Blick auf die Amtsfrage. Die Unterschiede in der Amtsfrage freilich haben erhebliche Auswirkungen auf Verständnis und Praxis der Eucharistie, auf das Verhältnis von Männern und Frauen in der Kirche und auf manche anderen Fragen.

In der Amtsthematik deuten manche Zeichen derzeit eher auf auseinander laufende als auf zusammenführende Tendenzen. Das Jahr 2005 wird auf längere Zeit als ein Jahr im Gedächtnis bleiben, in dem sich die katholische Kirche in einem herausgehobenen Sinn als Papstkirche erwiesen hat. Nun haben die Päpste der jüngsten Vergangenheit sich immer wieder zu der Einsicht bekannt, dass das Papstamt den Weg zur Einheit erschwere. Schon Papst Paul VI., der Papst des Zweiten Vatikanischen Konzils, erkannte an, dass das römisch-katholische Papstamt ein ökumenisches Hindernis sei. Ihm war bewusst, dass ein Primat des Bischofs von Rom gegenüber den Patriarchen der Orthodoxie allenfalls ein Ehrenprimat sein könne, und dass die Kirchen des Westens – von der Anglikanischen Kirche über die Altkatholische Kirche bis zu den lutherischen und reformierten Kirchen – eine Unfehlbarkeit des Papstes niemals anerkennen könnten. Papst Johannes Paul II. stellte in seiner Ökumene-Enzyklika von 1995 das Papstamt als „universales Dienstamt der christlichen Einheit" zur Debatte und fragte, ob ein so verstandenes Papstamt auch für die „getrennten Kirchen und kirchlichen Gemeinschaften" von Bedeutung sein könne.

Die Diskussion darüber, welche ökumenische Bedeutung die nicht-katholischen Kirchen in einer veränderten ökumenischen Situation dem Papst zuerkennen könnten, ist zwar immer wieder aufgeflammt; doch zu einem Ergebnis konnte diese Debatte noch nicht führen. Denn ihr Ausgangspunkt müsste darin bestehen, dass der Papst selbst ausführt, worin sich ein „universales Dienstamt der christlichen Einheit" von seiner Funktion als Oberhaupt der römisch-katholischen Kirche unterscheidet und in welchem Verhältnis es zu den Leitungsämtern der anderen christlichen Kirchen steht. Zweifel an der Bereitschaft zu einer Neubestimmung eines „universalen Dienstamts der christlichen Einheit" wurden beispielsweise ausgelöst, als Papst Benedikt XVI. anlässlich einer Generalaudienz im Juni 2006 zum Gebet dafür aufrief, dass die nicht-katholischen Christen die Bedeutung des päpstlichen Primats besser erkennen mögen.

Aus evangelischer Sicht lässt sich die Bedeutung des Papstamtes in dreifacher Hinsicht entfalten: Zuerst repräsentiert das Papstamt den Vatikan, also den Kirchenstaat, dem aufgrund historischer Entwicklungen von allen anderen Ländern der Erde der Status eines eigenen Staatswesens zuerkannt ist. In dieser offiziellen repräsentativen Rolle gilt es, das Papstamt zu achten und zu würdigen wie jeden anderen staatlichen Repräsentanten auch, sei er König oder Premierminister eines Landes. Das Papstamt ist eine faktische weltliche Größe, die in manchen ihrer Aktionen und Positionen die volle Unterstützung und Zustimmung der evangelischen Kirche erhalten kann. Ich erinnere beispielhaft an die eindrücklichen Initiativen von Papst Johannes Paul II. im Blick auf den Irak-Krieg von 2003. In dieser repräsentativen Rolle für den letzten „Glaubensstaat" im europäischen Umfeld verdient und erhält das Papstamt auch den Respekt und die Achtung der evangelischen Christen, die dies auch bei ökumenischen Treffen oder Besuchen in Rom zum Ausdruck zu bringen versuchen.

Sodann symbolisiert das Papstamt das Besondere und Einzigartige – modern gesagt: das „Alleinstellungsmerkmal" – der römisch-katholischen Schwesterkirche. In dieser Perspektive ist das Papstamt das deutlichste Symbol einer historisch eindrücklich alten und beeindruckend großen, gleichwohl aber nicht mit einer Sonderstellung ausgestatteten christlichen Kirche. Insofern gebühren diesem Amt der gleiche Respekt und die gleiche Achtung wie den geistlichen Repräsentanten anderer christlicher Kirchen auch. Ob die evangelische Kirche mit dem Erzbischof von Canterbury, dem russisch-orthodoxen Partriarchen, dem Oberhaupt einer altorientalischen Kirche, dem Bischof der reformierten Kirche in Ungarn, dem Präsidenten der Evangelisch-Lutherischen Kirche in Brasilien oder dem Präsidenten des Schweizerischen Evangelischen Kirchenbundes spricht, immer liegt ihr daran, den geistlichen Respekt und die theologische Achtung vor der jeweils besonderen Tradition und dem jeweiligen kirchlichen Selbstverständnis zum Ausdruck zu bringen. Diese Würdigung gilt dem Papst in Rom in besonderer Weise, weil er eine christliche Kirche repräsentiert, die in anderer Form als alle anderen christlichen Kirchen als Weltkirche verfasst und gestaltet ist.

Zuletzt aber bringt das Papstamt den fundamentalen theologischen Unterschied der römisch-katholischen Kirche nicht nur zu den Reformationskirchen, sondern zu allen anderen christlichen Kirchen zum Ausdruck. Denn spätestens seit dem I. Vatikanischen Konzil von 1869/70 und der Deklaration der Unfehlbarkeit aller Lehräußerungen des Papstes *ex cathedra* beansprucht das Papstamt eine exklusive Definitionshoheit für das, was als kirchliche Lehre zu gelten hat. Es liegt auf der Hand, dass die evangelische Kirche diese Definitionshoheit zwar als Spiegel des Selbstverständnisses der Schwesterkirche achten, aber nicht teilen kann. Deshalb wird aus evangelischer Sicht immer wieder eine deutliche theologische Kritik an diesem Anspruch zu formulieren sein. Oder in einer Formulierung von Hermann Barth: „Die Gegensätze in der Beurteilung des Papstamtes sind die Stelle, an der am schärfsten sichtbar wird, dass eine Überwindung der Differenzen im Einheitsverständnis nicht in Aussicht ist."

Die evangelische Kritik richtet sich auch auf den Anspruch, dass das römisch-katholische Bischofsamt in einem exklusiven Sinn in der apostolischen Sukzession stehe. Denn diese Vorstellung hat im Neuen Testament keine ausreichende Grundlage. Der Kreis der später Apostel genannten zwölf Jünger Jesu symbolisiert im Neuen Testament vielmehr – in Analogie zu den zwölf Stämmen Israels – die Gesamtheit des neuen Gottesvolkes. Davon, dass Nachfolger der Zwölf eingesetzt worden seien und dass diese Nachfolge auf Dauer institutionalisiert worden sei, ist nirgendwo die Rede. Entsprechendes gilt auch von der Nachfolge des Petrus. Dessen Martyrium in Rom belegt nicht, dass er Bischof von Rom war und dass die römischen Bischöfe seitdem seine Nachfolger seien. Dass nach dem Bericht des Matthäusevangeliums der Jünger Simon den Namen Petrus erhält, dass er als der Fels bezeichnet wird, auf den die Gemeinde gebaut werden soll, und dass ihm die Macht des Bindens und Lösens anvertraut wird (Matthäus 16, 18 f.), begründet eine solche Sonderstellung des Bischofs von Rom nicht. Denn auch daraus lässt sich nicht herleiten, warum der Bischof von Rom – und, wie Reinhard Frieling mit Recht bemerkt, nicht derjenige von Jerusalem oder Antiochien, zwei Städten, in denen Petrus länger gewirkt hat als in Rom – der jeweilige Nachfolger des Petrus sein soll. Die Sonderstellung der römischen Gemeinde entwickelte sich vielmehr deshalb, weil es sich um die Gemeinde in der Reichshauptstadt handelte. Immer stärker wurde dabei diese Sonderstellung nicht mehr der Gemeinde als solcher, sondern ihrem Bischof zuerkannt. Im Jahr 256 nach Christus, bei Papst Stephanus I., begegnet dann zum ersten Mal ausdrücklich die Auffassung, der Bischof von Rom sei der Nachfolger des Petrus. Die darin begründete Sonderstellung wurde im Lauf der Jahrhunderte gesteigert, bis hin zum Unfehlbarkeitsdogma des Jahres 1870. Das Zweite Vatikanische Konzil unternahm dann den Versuch, das Papstamt wieder dem Kollegium der Bischöfe zuzuordnen. Doch die Frage nach der ökumenischen Bedeutung dieses Amtes blieb weiterhin ungeklärt.

Damit hängt es zusammen, dass im evangelischen Bereich große Zurückhaltung gegenüber dem Vorschlag zu erkennen ist, dem Papst eine generelle Sprecherfunktion für die Christenheit im Ganzen zuzuerkennen. Denn dieser Vorschlag löst die ökumenische Belastung, die mit der Sonderstellung des Papstamts verbunden ist, nicht auf. Auch aus diesem Grund ist der Weg noch weit, bis die gemeinsam bezeugte Einsicht, dass der eine Herr über die Kirche, Jesus Christus, in den verschiedenen Kirchen in unterschiedlichen Formen wirkt und lebt, eine sichtbare Gestalt annimmt.

Die gemeinsame Verantwortung aller Getauften und die Ordination

Es gehört zu den fundamentalen Einsichten der reformatorischen Theologie, zwischen Amt und Person zu unterscheiden. Denn jeder Person wird Gottes freie und bedingungslose Gnade zugesagt, kraft deren über ihre Würde und ihre Achtung vor Gott unabhängig von Leistung und Erfolg, Tun und Lassen allein aus Gnade immer schon zugunsten der Person entschieden ist. Im Blick auf ein Amt und seine Wahrnehmung dagegen kann und muss von Gelingen und Misslingen, von Schuld und Versagen, damit aber auch von Erfolg und Leistung gesprochen werden.

Diese Unterscheidung ist der entscheidende Beitrag der Reformationskirchen zur Humanität der modernen Welt. In dem Gedanken von Grund- und Menschenrechten, die jedem Menschen unabhängig von Geschlecht, Rasse, Nation und Religion zukommen, kommt diese Unterscheidung in ihrer politische Kultur und Rechtsordnung prägenden Bedeutung zum Ausdruck. Die „unantastbare Würde des Menschen" ist die säkularisierte Fassung dieser reformatorischen Einsicht.

Jedes Nachdenken über die Frage des Amtes unterstreicht die evangelische Einsicht in die bleibende Unterscheidung der einen geglaubten Kirche Jesu Christi als Grund jeder Kirche von den verschiedenen historischen Gestaltungen der Kirche. Aus diesem Grund darf sich keine Kirche in ihrer konkreten historischen Gestalt zwischen Gott und den einzelnen glaubenden Menschen drängen. Auch kein Amt in der Christenheit darf in eine solche Funktion eintreten. Die Kirche dient dem Glauben der Menschen; gerade darin ist sie „Kirche für andere". Der gemeinsame Grundsatz aller christlichen Kirchen muss deshalb heißen: Dominus Iesus – Herr ist Jesus. Und ein einzelnes Amt darf nach evangelischem Verständnis auch nicht den exklusiven Anspruch erheben, in einzigartiger Weise Nachfolger Petri oder Stellvertreter Christi auf Erden zu sein. Nach evangelischer Überzeugung haben alle Christen sich in der Nachfolge der Apostel zu bewähren. Die apostolische Sukzession verstehen wir als die Treue der ganzen Kirche zur apostolischen Botschaft. Und auch die Stellvertretung Christi bei unseren Nächsten ist uns allen anvertraut.

Auf evangelischer Seite hat eine Entwicklung neu Auftrieb bekommen, die das evangelische Amtsverständnis von einem Grundsatz her entfaltet, den die Reformation als das allgemeine Priestertum der Gläubigen beschreibt. Die gemeinsame Verantwortung aller Getauften, die Kultur aktiver Beteiligung und die synodale Leitungsstruktur sind Stärken unserer Kirche. Sie haben demokratischen Mitwirkungsrechten den Weg gebahnt. Sie haben Menschen zu demokratischer Leitungsverantwortung befähigt, wie man in der Wende von 1989 sehen konnte. Die synodale und konziliare Struktur unserer Kirche hat große Vorteile.

Die konstruktive Verhältnisbestimmung zwischen der Ordination zur öffentlichen Verkündigung des Evangeliums und zur Verwaltung der Sakramente und der besonderen Beauftragung zu Wortverkündigung und Sakramentsverwaltung für einen bestimmten Ort und eine bestimmte Zeit (*pro loco et tempore*) bildet den Anlass zu einem Klärungsprozess, der innerhalb der Evangelischen Kirche in Deutschland derzeit im Gange ist. Die Schärfe, in der diese Bemühungen von katholischer Seite als Abkehr von einem bereits erreicht geglaubten Konsens kritisiert worden sind, muss zu denken geben. Die große Frage heißt, ob solche Unterschiede im Amtsverständnis in wechselseitigem Respekt für das Amt in der jeweils anderen Kirche interpretiert werden können. Dafür wird es entscheidend sein, ob eine positive Verhältnisbestimmung des jeweiligen Verständnisses von „apostolischer Sukzession" gelingen wird. Die entsprechenden Bemühungen des Ökumenischen Arbeitskreises evangelischer und katholischer Theologen begleite ich deshalb mit großen Erwartungen.

Erfahrungen in Taizé

Mit der Amtsfrage verbindet sich die Frage der Eucharistie. Die Verdeutlichungen der katholischen Position im zeitlichen Umkreis des Ökumenischen Kirchentags in Berlin 2003 konnten nicht überraschen, mussten aber doch als Abkühlung des ökumenischen Klimas wirken. Auf evangelischer Seite konnten wir in diesem Zusammenhang die faktisch bestehende Asymmetrie hinsichtlich der Einladung an den Tisch des Herrn nicht verschweigen. Die auf katholischer Seite unter seelsorgerlichen Gesichtspunkten praktizierte Verbindung zwischen einer generell schroffen Ablehnung eucharistischer Gastbereitschaft mit einer großen Biegsamkeit im Umgang mit der individuellen Situation wird in diesem

Zusammenhang von vielen evangelischen Christen als befremdlich wahrgenommen.

In besonderer Weise wird die aktuelle Situation im Blick auf die Gemeinschaft von Taizé als schmerzlich empfunden. Diese von dem reformierten Pfarrer Roger Schutz gegründete Gemeinschaft ist einer der wichtigsten Ursprungsorte des zeitgenössischen ökumenischen Bewusstseins. Viele junge Menschen haben hier Impulse für ihre Spiritualität erhalten und fühlen sich mit Taizé in dem Bewusstsein verbunden, dass ihre kirchliche Beheimatung in der eigenen Kirche ebenso geachtet wird wie ihr ökumenisches Engagement. Der zu Beginn der vierziger Jahre gegründeten, ökumenisch engagierten evangelischen Gemeinschaft traten erst seit Ende der sechziger Jahre auch katholische Mitglieder bei. Roger Schutz förderte diese Entwicklung aus der Grundhaltung heraus, der Einheit zu dienen, ohne mit der jeweils eigenen Herkunft zu brechen. Das prägte auch seinen persönlichen Weg einer engen Verbindung zu den Päpsten seiner Lebenszeit – bei gleichzeitig fortbestehender Verwurzelung in seiner reformierten Herkunft.

Die Gemeinschaft von Taizé suchte dabei nach einer Form, am Tisch des Herrn vereinigt zu sein und gleichzeitig die kirchliche Beheimatung ihrer Glieder zu achten. Dies führte zu einem Ergebnis, das sich einseitig an den Maßstäben des katholischen Kirchenrechts ausrichtete. Den Brüdern von Taizé wurde durch die römisch-katholischen Autoritäten gestattet, gemeinsam in der katholischen Messe zu kommunizieren. Damit wurde den nichtkatholischen Mitgliedern eine Ausnahmegenehmigung zur Teilnahme an der katholischen Messe erteilt. Zu einer Entsprechung hierzu, die den katholischen Mitgliedern erlaubt hätte, am evangelischen Abendmahl teilzunehmen, kam es dagegen nicht;

auch heute wird eine solche „symmetrische" Regelung von den Verantwortlichen für ausgeschlossen gehalten. Zu den Folgen zählt, dass auch die großen öffentlichen Eucharistiegottesdienste in Taizé durchgängig katholische Messfeiern sind. Wenn dabei Nichtkatholiken kommunizieren, so geschieht das nicht, weil das generelle katholische Verbot aufgehoben oder gelockert wäre. Es geschieht vielmehr unter Beachtung einer individuellen Ermessensentscheidung, die Kardinal Walter Kasper so beschreibt: „Der Einzelne wird ... in seiner persönlich unableitbaren je einmaligen Situation ernst genommen. Deshalb anerkennt die Kirche unter bestimmten Bedingungen individuelle Lösungen. Der Papst sagt sogar, es sei ihm ein Grund zur Freude, dass die katholischen Priester in bestimmten Einzelfällen dieses Sakrament anderen Christen (gemeint ist: Christen anderer Kirchenzugehörigkeit) spenden können."

Bei einem solchen Vorgehen wird ein grundlegendes ökumenisches Problem allein aus römisch-katholischer Perspektive betrachtet und geregelt. Erneut verbindet sich ein hohes Maß prinzipieller Unbeugsamkeit mit einer flexiblen Einzelfallregelung. Auch im Fall von Taizé hat dies beträchtliche Irritation hervorgerufen. Diese Irritation ist insbesondere durch zwei Vorgänge des Jahres 2005 öffentlich bewusst geworden. Großes Aufsehen erregte es, als der damalige Kardinal Joseph Ratzinger anlässlich des Requiems für Papst Johannes Paul II. dem Prior der Gemeinschaft von Taizé Roger Schutz als erstem Kommunikanten überhaupt an zentraler Stelle des Petersplatzes in Rom die Kommunion reichte. Dieser Vorgang trat in ein neues Licht, als der Trauergottesdienst für den wenig später gewaltsam ums Leben gebrachten Roger Schutz als katholische Eucharistie gefeiert wurde.

Dadurch wurde besonders sinnenfällig, dass der „ökumenische Frühling", den Kardinal Walter Kasper bei diesem Anlass als besonderes Verdienst der Gemeinschaft von Taizé beschrieb, ein Frühling zu römisch-katholischen Bedingungen geworden ist. Eine Gestaltung des gottesdienstlichen Lebens an diesem besonderen Ort, die dem Prinzip des wechselseitigen Respekts folgt, ist dagegen bisher nicht erreicht worden. Die Gemeinschaft von Taizé bemüht sich nach Kräften darum, die Besucherinnen und Besucher dies so wenig wie möglich spüren zu lassen. Das Verteilen von gesegnetem Brot am Rande der Eucharistiefeier ist neben der großzügigen individuellen Zulassung zur Kommunion eine der Formen, in denen dies versucht wird. Doch eine ökumenische Symmetrie, in der die im Glauben Verbundenen, aber kirchlich noch Getrennten, mit ihren Traditionen gleiche Beteiligungsrechte hätten, gibt es auch hier nicht. Das wäre nur dann der Fall, wenn evangelische Abendmahlsgottesdienste in Taizé einen gleichen Rang erhielten wie die katholischen Messgottesdienste, und wenn die Brüder der Gemeinschaft ebenso selbstverständlich im evangelischen Abendmahlsgottesdienst gemeinsam kommunizieren könnten wie in der katholischen Messfeier.

Sollte die evangelische Seite auf diesen Mangel an Gegenseitigkeit so antworten, dass sie evangelischen Christen deshalb auch ihrerseits (wie es nach katholischem Kirchenrecht der Fall ist) die Teilnahme an der römisch-katholischen Eucharistie untersagt? Oder sollte sie es gar ausgerechnet für Taizé tun? Das wäre angesichts der großen ökumenischen Bedeutung der Gemeinschaft von Taizé schlechterdings nicht nachvollziehbar. Es würde auch der evangelischen Überzeugung, dass Jesus Christus selbst an seinen Tisch einlädt und dass alle Getauften im Geist der Freiheit an diesen Tisch geladen sind, widersprechen.

Es sind konkrete Lebenssituationen, deretwegen die gegenseitige Zulassung zum Heiligen Abendmahl ein dringendes Desiderat ist. Konfessionsverbindende Ehen machen das deutlich. Die Gemeinschaft von Taizé und die vielen Christen unterschiedlicher Herkunft, die sich in Taizé, bei Taizégottesdiensten oder bei den Europäischen Jugendtreffen der Gemeinschaft von Taizé versammeln, auch. Die Gemeinschaft am Tisch des Herrn prinzipiell zu untersagen, im Einzelfall aber zuzulassen, ist keine Lösung, die überzeugt. Hier voranzukommen, ist eine dringende ökumenische Aufgabe.

3. Ökumene der Profile

Die eine Taufe und das eine Abendmahl

Wenn in diesen Überlegungen von einer „Ökumene der Profile" die Rede ist, so liegt darin keine Einschränkung der ökumenischen Verpflichtung; dieser Ausdruck beschreibt vielmehr ein unaufgebbares und unausweichliches Moment des ökumenischen Weges. Die Rede von einer Ökumene der Profile soll den ökumenischen Einsatz unserer Kirche auf neue Weise unterstreichen. Wir wollen das Gemeinsame stärken. Den einen Glauben haben wir zu bekennen, weil wir an den einen Herrn gebunden sind. Die eine Taufe feiern wir, weil uns der eine Geist bestimmt (vgl. Epheser 4, 4–6). Aber wir sind auch zur Rechenschaft darüber verpflichtet, was wir jeweils aus der eigenen Überlieferung und dem eigenen Auftrag in das gemeinsame Zeugnis einbringen. Auch darüber müssen wir Auskunft geben, was uns – einstweilen – an voller und sichtbarer Kirchengemeinschaft hindert. Dabei muss auch zur Sprache kommen, warum wir auf die Frage, welche Form der Gemeinschaft heute schon möglich ist, unterschiedliche Antworten geben.

Dabei denke ich aus der Erfahrung unserer Kirche dankbar an die großen Schritte, die gelungen sind, vor allem an die Schritte zur Gemeinschaft am Tisch des Herrn, die zwischen evangelischen Landeskirchen und Freikirchen, aber auch mit der anglikanischen und der altkatholischen Kirche möglich geworden sind. Aber in anderen Hinsichten waren solche Schritte bisher nicht möglich. Es wäre ein Missverständnis von Ökumene, wenn solche Trennungen zwar andauerten, wir aber nicht erklären würden, warum. Die Aussage, „normale" Zeitgenossen könnten die Unterschiede zwischen den christlichen Kirchen „sowieso" nicht verstehen, ist nicht einmal im Ton der Resignation gerechtfertigt. Diese Unterschiede sind sehr wohl verständlich. Wir brauchen uns ihrer nicht einmal zu schämen – auch wenn wir alles uns Mögliche daran setzen, ihre trennenden Auswirkungen zu überwinden.

Im Blick auf dieses Ziel gibt es nicht nur wichtige Ergebnisse aus der Vergangenheit, die zu bewahren sind; die Überwindung der Lehrverurteilungen des 16. Jahrhunderts und der erreichte Konsens in der Frage der Rechtfertigungslehre wurden als Beispiele schon erwähnt. Sondern es gibt in der gegenwärtigen Phase der Ökumene wichtige Ansätze und Vorhaben, deren Bedeutung nicht gering geschätzt werden sollte. Dazu zählt insbesondere die Vereinbarung zwischen den Mitgliedskirchen der Arbeitsgemeinschaft Christlicher Kirchen über die wechselseitige Anerkennung der Taufe. Auch in den Gesprächen der Gemeinschaft Evangelischer Kirchen in Europa (GEKE) mit der europäischen Baptistischen Föderation sowie mit den orthodoxen Mitgliedskirchen der Konferenz Europäischer Kirchen (KEK) ist dies ein zentrales Thema.

Andere Vorhaben stocken oder lassen sich in der zunächst geplanten Form nicht durchführen. So erwies sich im deutschsprachigen Bereich ein ökumenisches Zusammenwirken bei der Revision der katholischen Einheitsübersetzung der Bibel als nicht realisierbar, weil die Kriterien für die Bearbeitung eines solchen Vorhabens auf katholischer und auf evangelischer Seite zu unterschiedlich sind.

Die beiden Beispiele illustrieren, dass wir es in der konkreten ökumenischen Arbeit mit beidem zu tun haben: mit Einheit und mit Vielfalt, mit Verschiedenheit und mit Versöhnung. Wenn die ökumenische Aufgabe deshalb als Einheit in Vielfalt oder als versöhnte Verschiedenheit beschrieben wird – zwei Ausdrucksweisen, die doch im Kern dasselbe besagen –, dann muss beides zusammen zum Thema werden: die Legitimität der Verschiedenheit wie der Grund und die Gestalt der Einheit.

Unterschiede in der kirchlichen Gestalt

Es gibt nach meiner Wahrnehmung keine Kirche, keine Konfession, kein kirchliches Werk und keine Gemeinde, die nicht auf Grund der schwieriger gewordenen kirchlichen Situation in unserer Gesellschaft mit einer Profilierung des je Eigenen antwortet. Das ist eine nachvollziehbare Reaktion. Denn der Verlust an selbstverständlicher gesellschaftlicher Relevanz, die finanziellen Einbrüche und die neuen missionarischen Herausforderungen führen unvermeidlich dazu, dass wir das je Spezifische, das je eigene Profil, das sogenannte „Alleinstellungsmerkmal" betonen. Unsere Kirchen wollen und müssen sich in unserer Zeit erkennbarer, sichtbarer und damit wählbarer machen, sie müssen mit der Herausarbeitung ihres Profils das Licht nicht „unter einen Scheffel, sondern auf einen Leuchter" stellen (Matthäus 5, 15). Aber die unvermeidliche Rückseite dieser Herausforderung lautet: Je stärker das je eigene Profil betont wird, desto deutlicher treten auch die Unterschiede hervor. Damit verbindet sich die Gefahr einer Profilierungsfalle: Jede Kirche oder Konfession muss sich profilieren, aber damit geraten die Wahrnehmungsbereitschaft und die Anschlussmöglichkeiten für ökumenische Gemeinsamkeiten leicht in den Schatten. Dem entgegenzuwirken ist gerade der Sinn der Rede von einer Ökumene der Profile. Auch dort, wo unser besonderes Profil gefordert ist, müssen das gemeinsame Zeugnis und das ökumenische Zusammenwirken das Ziel sein.

Nach alledem scheint es mir irreführend zu sein, von einem „stotternden Ökumene-Motor", von einer „ökumenischen Eiszeit" oder einer „generellen Erschöpfung des evangelisch-katholischen Dialogs" zu sprechen. Auch der frühere Ratsvorsitzende der Evangelischen Kirche in Deutschland, Manfred Kock, hat solchen Absagen an die ökumenische Vision deutlich widersprochen. Vielmehr lautet die ökumenisch zukunftsweisende Frage, wie wir angesichts jenes unvermeidlichen Profilierungsdrucks dennoch die Gemeinsamkeiten zwischen unseren Kirchen bewahren und ausbauen können. Oder in aller Kürze: Eine Ökumene der Profile stellt sich der Frage, wie eine Ökumene gelingen kann, in welche die Kirchen sowohl ihre Gemeinsamkeiten als auch ihr unterscheidendes Profil einbringen.

Einen markanten Beitrag zu einer „Ökumene der Profile" hat Kardinal Walter Kasper unter dem Stichwort einer „Geistlichen Ökumene" geleistet. Ausgangspunkt dieses Konzepts ist das gemeinsame Gebet für die Einheit der Christen als

„Königsweg zur Ökumene". Eine solche geistliche Gemeinschaft sieht Kasper als „Seele der ganzen ökumenischen Bewegung" an; er ermutigt dazu, dieser Seele Raum zu geben. In dem dieser Aufgabe gewidmeten „Wegweiser Ökumene und Spiritualität" geht es durchgängig um Richtungsangaben aus der Sicht der römisch-katholischen Kirche. Als Quellen für diese Orientierung werden Texte des Zweiten Vatikanischen Konzils, päpstliche oder vatikanische Äußerungen sowie einschlägige Bestimmungen des kanonischen Rechts genannt; dagegen wird beispielsweise die Gemeinsame Erklärung zur Rechtfertigungslehre von 1999, ein ohne Zweifel wichtiger ökumenischer Text, inhaltlich nicht herangezogen. Aber auch in dieser Engführung stellt Kardinal Kaspers „Wegweiser" einen wichtigen Beitrag zur ökumenischen Orientierung dar. Vor allem seiner Kernaussage ist zuzustimmen: Die Ökumene der christlichen Kirchen ist im Kern eine Ökumene des Gebets; dieses Wesensmerkmal gilt es gerade heute zu erneuern. Freilich lebt die „Geistliche Ökumene" zugleich davon, dass sie dem Wirken des Heiligen Geistes Raum gibt. Das setzt der Vorstellung, alles Ökumenische ließe sich reglementieren, deutliche Grenzen.

Das Gemeinsame zwischen den christlichen Kirchen zu stärken, bleibt die erste ökumenische Aufgabe. In diesem Rahmen muss zugleich auch über unterschiedliche Auffassungen des christlichen Glaubens wie über unterschiedliche Typen des Kircheseins offen gesprochen werden. Die Wahrnehmung von Differenzen ist keine Absage an die ökumenische Verpflichtung, sondern bildet in ihr ein unaufgebbares Moment. Sie darf auch nicht von der Absicht geleitet sein, sich gegen den ökumenischen Partner und in Abgrenzung von ihm zu „profilieren". Doch es wäre verkehrt, sich den Gründen zu verschließen, aus denen der Dialog über die jeweiligen Prägungen der unterschiedlichen Kirchenfamilien heute an Gewicht gewinnt. Die verstärkte Hinwendung des römisch-katholischen Interesses zu den orthodoxen Kirchen trägt dazu ebenso bei wie die Notwendigkeit, sich verstärkt mit evangelikalen und pfingstlerischen Strömungen zu beschäftigen. Solche Bemühungen können in wichtigen Fragen Übereinstimmungen zur Folge haben. Aber sie zielen zugleich darauf, dass Gemeinsamkeit auch in der Differenz bewahrt und gelebt werden kann.

Dies setzt freilich voraus, dass sich die Verschiedenen im Bewusstsein des Gemeinsamen respektieren. Versöhnte Verschiedenheit ist und bleibt ein Grundzug des ökumenischen Miteinanders. Wir halten an der Hoffnung auf ein wachsendes Maß an Gemeinschaft fest; das Bemühen darum muss weitergehen. Aber die Verweigerung des Respekts vor dem Kirchesein eines ökumenischen Partners ist kein geeignetes Mittel, die Gemeinschaft mit ihm wachsen zu lassen. Zum wechselseitigen Respekt zwischen ökumenischen Partnern, den Respekt vor den kirchlichen Ämtern des anderen eingeschlossen, gibt es keine Alternative.

Für eine Ökumene der Profile besteht ein entscheidendes Ziel darin, dass wir uns unsere bleibenden Unterschiede nicht gegenseitig vorwerfen, sondern sie als Differenzen verstehen lernen, mit denen ökumenisch zu leben unsere zukünftige gemeinsame Aufgabe ist. Dies kann gelingen, wenn wir einen gemeinsamen Sinn und eine gemeinsame Beauftragung in diesen bleibenden Unterschieden erkennen können.

Einander ergänzen

Vor dem Hintergrund einer gemeinsamen Geschichte und eines gemeinsamen Auftrags darf man von den getrennten Kirchen dies eine erwarten: die Einsicht, dass jede unserer Kirchen Stärken und Schwächen, Licht und Schatten, Einseitigkeiten und Radikalisierungen hat. Fulbert Steffensky sagt vor diesem Hintergrund treffend: „Die Kirchen brauchen die je anderen Kirchen, um ganz und vollständig werden zu können." Deswegen verstehen wir Evangelischen uns als Kirche im eigentlichen, nämlich biblischen Sinne, und verstehen die römisch-katholische Schwesterkirche als eine weitere, gewichtige und imposante Gestalt der einen, heiligen, allgemeinen und apostolischen Kirche, die wir gemäß dem Credo glauben.

Aus einer solchen Haltung heraus ist es uns möglich, unbefangen und dankbar voneinander zu lernen. Als evangelische Kirche bekennen wir gern, dass wir im Blick auf die Bedeutung der Abendmahlsfeier für den christlichen Gottesdienst und auf deren würdige Gestaltung viel von unseren katholischen und orthodoxen Geschwistern gelernt haben. Die gottesdienstliche Liturgie ist uns auf diese Weise wieder neu wichtig geworden; die Abendmahlsfrömmigkeit hat einen neuen Platz erhalten; durch ökumenisches Lernen hat sich in der evangelischen Kirche eine neue eucharistische Spiritualität entwickelt. Wir haben uns wieder daran erinnert, dass die Deutsche Messe im evangelischen Gottesdienst auch zu Zeiten einen festen Ort hatte, zu denen in der römisch-katholischen Kirche nur die Lateinische Messe gefeiert wurde; und wir freuen uns darüber, dass der Eucharistiegottesdienst in der Landessprache nun zu den ökumenischen Gemeinsamkeiten gehört, auch wenn er noch immer nicht gemeinsam gefeiert werden kann. Auf der anderen Seite bezeugen katholische Mitchristen, dass sie von evangelischen Schwestern und Brüdern viel über die Bedeutung des Wortes Gottes und die Auslegung der Bibel gelernt hätten; ihr kirchliches Leben und ihre Spiritualität seien dadurch ebenfalls bereichert worden. Kardinal Walter Kasper leitet daraus eine ökumenische Regel ab, der ich gern zustimme: „Wir nähern uns also nicht auf dem niedrigsten gemeinsamen Nenner, wir kommen einander vielmehr dadurch näher, dass wir uns gegenseitig bereichern." Entsprechend hat sich auch Kardinal Karl Lehmann im Jahr 2000 ausgedrückt: „Es gibt eine Ökumene, die ich nicht fördern möchte. Es ist die Gemeinsamkeit auf dem kleinsten und geringsten Nenner. Unter solchen Voraussetzungen könnten wir nur alle gemeinsam ärmer werden."

Gerade, indem wir voneinander lernen und uns gegenseitig bereichern, kann unsere ökumenische Erfahrung hilfreich und heilend in die moderne Gesellschaft hinein wirken. Nehmen wir die deutsche Gesellschaft als Beispiel: Unter missionarischem Gesichtspunkt vertreten die beiden großen Konfessionen in Deutschland faktisch zwei unterschiedliche Gestalten des Kircheseins, die beide mit einem je besonderen Profil verknüpft sind. In dieser Perspektive kann man die Stärken des jeweils Anderen verstehen als einen Beitrag zur Mission der einen christlichen Kirche. In diesem Sinn lässt sich mit einer Formulierung des katholischen Erzbischofs von Freiburg, Robert Zollitsch, von einer „arbeitsteiligen Ökumene" sprechen. In ihr äußern sich die Kirchen in vielen Dingen gemeinsam, verfolgen aber auch in ihrer bleibenden Unterschiedlichkeit ein gemeinsames Ziel. Eine Ökumene der Profile setzt eine profilierte Missionsstrategie frei, die Menschen die Möglichkeit gibt, eine für sie überzeugende Form christlicher Frömmigkeit in unserer Welt zu erlernen bzw. zu wählen.

Entscheidend ist allerdings, dass wir uns je an unserem Ort in den ökumenischen Kontakten darum bemühen, diese Ökumene der Profile mit gelassenem Selbstbewusstsein zu leben, und nicht der Versuchung erliegen, durch Abgrenzung und Negation des anderen das eigene Profil zu stärken. Wir unterscheiden uns in einigen grundlegenden Fragen, aber darüber verlieren wir nicht die viel größere Gemeinsamkeit aus dem Blick, die uns aufgegeben und im Glauben eröffnet ist. Deswegen gilt für eine Ökumene der Profile: *Evangelisch aus gutem Grund* und *römisch-katholisch aus gutem Grund* und eben deswegen gemeinsam *christlich aus gutem Grund*.

So bringen wir in die Ökumene unserer Zeit gern und zuversichtlich unser evangelisches Profil ein. Wir wollen es für das gemeinsame Zeugnis fruchtbar machen. Heute bezeugen wir das Evangelium in einer missionarischen Situation. Ökumenisch verbunden sind wir nicht zuletzt durch den Auftrag zu einem gemeinsamen Wirken nach außen. Dieses wird nicht geschwächt, wenn die bleibenden Unterschiede zwischen den Kirchen hervortreten und verständlich gemacht werden. Es wird vielmehr dann geschwächt, wenn die Kirchen zwar voneinander getrennt bleiben, aber niemand weiß, warum. Wenn die Kirchen in Europa auf je unterschiedliche Weise dazu beitragen, dass das eine Evangelium die Menschen erreicht, brauchen sie sich ihrer Unterschiede nicht zu schämen.

IV. Evangelisch im 21. Jahrhundert

Wir knüpfen noch einmal dort an, wo wir begonnen haben. Noch einmal wenden wir uns der Situation in Europa zu. Der Wandel der europäischen Gesellschaft lässt auch die Herausforderungen für die Kirchen wie in einem Brennglas deutlich erkennbar werden. Das gilt auch für den Protestantismus. Europa braucht die reformatorische Botschaft von der Freiheit eines Christenmenschen, die in die verbindliche Zuwendung zu Gott und zum Mitmenschen führt. Eine starke Gemeinschaft der evangelischen Kirchen in Europa ist heute auf eine neue Weise dringlich.

1. Evangelische Kirche in Europa

Vielfalt und Identität

Die Gemeinschaft Evangelischer Kirchen in Europa (GEKE) hat sich nicht nur darauf verpflichtet, die Verbundenheit untereinander und das gemeinsame Glaubenszeugnis zu vertiefen. Sie will zugleich „evangelische Stimme in Europa" sein. Im Jahr 2001 hat die Vollversammlung der GEKE in Belfast deshalb beschlossen, „die theologischen und ethischen Aspekte und die humanitären Konsequenzen politischer Entscheidungen aus der Sicht des Evangeliums gemeinsam zu erörtern, in grundlegenden Fragen die protestantischen Stimmen zu bündeln und sie in der europäischen Öffentlichkeit zur Sprache und zu Gehör zu bringen." Dadurch soll die Gemeinschaft Evangelischer Kirchen in Europa „in die Lage versetzt werden, profilierter und zeitnaher als bisher in aktuellen wichtigen Fragen der Politik, der Gesellschaft und der Ökumene ein deutliches evangelisches Zeugnis abzulegen und insbesondere die Präsenz der evangelischen Kirchen auf europäischer Ebene auszubauen. Hierbei sind auch die bereits vorhandenen Strukturen und Kooperationen, insbesondere mit der Konferenz Europäischer Kirchen (KEK), zu nutzen und zu vertiefen."

Um in der Öffentlichkeit sichtbar zu werden oder zu bleiben, bedarf es einer klaren und gut erkennbaren Identität. Das ist für die reformatorischen Kirchen in gewisser Hinsicht schwieriger als für andere. In dieser Schwierigkeit liegt eine Kehrseite ihrer Stärken, zum Beispiel ihrer Bereitschaft zur kritischen Erneuerung der Kirche selbst wie ihrer Fähigkeit, sich produktiv auf die Herausforderungen der Gegenwart und die jeweiligen Probleme der Menschen einzulassen. Mit dem Gedanken der gemeinsamen Verantwortung aller Getauften verbindet sich die Verpflichtung, kirchenleitende Aufgaben synodal wahrzunehmen und der innerkirchlichen Pluralität Raum zu geben. Die Beteiligung der evangelischen Kirchen an der politischen Entwicklung der Neuzeit hatte schließlich zur Folge, dass die evangelischen Kirchen weithin national verfasst sind; das macht es nicht leicht, eine gemeinsame Urteilsbildung auf europäischer Ebene mit der wünschenswerten Autorität auszustatten und ihr so die nötige Aufmerksamkeit im politischen Raum zu sichern. Das sind Probleme, mit denen man sich nüchtern und ernsthaft auseinander setzen muss; sie sind aber kein zureichender Anlass, Grundprinzipien des evangelischen Selbstverständnisses außer Kraft zu setzen – ganz abgesehen, dass es die Instanz gar nicht gibt, die das vermöchte.

Was auf den ersten Blick als möglicher Nachteil für die politische Durchschlagskraft des Protestantismus erscheinen mag, kann sich auf einen zweiten Blick als Stärke erweisen. Reformfähigkeit, gestaltete Vielfalt, der Verzicht auf eine zentralisierte und hierarchische Organisationsstruktur sind Kennzeichen, die sich im Blick auf die Herausforderungen unserer Zeit als chancenreich erweisen. Weitsichtige Kritiker mahnen beispielsweise für den europäischen Integrationsprozess verbesserte Beteiligungs- und Einflussmöglichkeiten an; eine Kirche, die selbst durch aktive Beteiligungsstrukturen geprägt ist, hat besondere Chancen, einen solchen Prozess zu fördern. Das setzt jedoch voraus, dass die evangelischen Kirchen bereit sind, die Erfahrungen und Stärken zu nutzen, die sie aufgrund ihres Selbstverständnisses und ihrer eigenen Akzentuierung des christlichen Glaubens einbringen können.

Ein solcher Beitrag hat freilich zur Bedingung, dass die evangelischen Kirchen auch im eigenen Bereich Beteiligungsstrukturen aufrechterhalten und weiter entwickeln. Ebenso gehört zu ihm, dass sie einer an der biblischen Botschaft und ihrer Auslegung ausgerichteten und zugleich gewissensbestimmten Pluralität Raum geben und diese nicht im Namen eines evangelischen Fundamentalismus einschränken. Dass Glaubensgewissheit in der Freiheit eines Christenmenschen gelebt werden kann, sollte auch in Zukunft zu den grundlegenden Kennzeichen evangelischer Kirchen gehören. An dem Mut, sich mit gegenläufigen Entwicklungen auseinanderzusetzen, sollten sie es nicht fehlen lassen.

Freiheit und Verbindlichkeit

Unter einer solchen Perspektive treten allerdings drei Entwicklungstendenzen in den Blick, die gegenwärtig besonders beunruhigend sind.

Es gibt – erstens – auch in evangelischen Kirchen eine Tendenz zur Konfessionalisierung, zur Nationalisierung und zum Fundamentalismus. Kirchen suchen ihre Identität vermehrt durch eine dezidiert konfessionell begründete Abgrenzung. Dies führt leicht zu Abspaltungen und zur Bildung gegensätzlicher kirchlicher Gruppierungen.

In ihrem Selbstverständnis beziehen sich viele Kirchen – zweitens – ausdrücklich auf die nationale bzw. ethnische oder sprachliche Herkunft ihrer Mitglieder. Auch kleinste Minderheiten streben dabei die Bildung eigener, unabhängiger Kirchen an und beziehen sich dabei häufig auf eine spezifische Herkunft und Geschichte.

In den Stellungnahmen zu ethischen Fragen sind – drittens – manche Kirchen angesichts neuer gesellschaftlicher Orientierungsprobleme durch die Aufstellung rigider Normen und damit durch eine starre Fixierung bestimmter ethischer Positionen geprägt.

In solchen Entwicklungen zeigt sich die Suche nach der eigenen Identität und einer ihr entsprechenden Lebensform in einer Zeit des Wandels. Nach Jahrzehnten der Unterdrückung und der Marginalisierung besonders im Osten Europas suchen Kirchen ihr Profil durch Abgrenzung zu schärfen. Diese Abgrenzung richtet sich bisweilen auch auf westlich-liberale Tendenzen, die man im Bann eines allgemeinen Relativismus und Säkularismus sieht. Doch allzu leicht geraten dabei persönliche Freiheit und Menschenrechte, ökumenische Verbundenheit und kirchliche Friedensverantwortung in den Ruf, Themen einer vergangenen Epoche zu sein. Ihnen werden als theologische Themen der Zeit Identität und Bekenntnis, Konfession und Amt entgegengestellt.

Doch der reformatorische Auftrag unserer Kirchen wird damit zu eng bestimmt. Die klare Kontur einer am biblischen Zeugnis orientierten kirchlichen Identität verbindet sich in diesem Auftrag mit der Verantwortung in der Welt. Die christliche Existenz ist umfassend als eine Antwort auf den Ruf Gottes zu sehen, die sich in der Liebe zum Nächsten bewährt. Die Befreiung des Glaubens von einer Bevormundung durch die Vernunft mündet in eine Freiheit aus Glauben, die gerade dazu ermächtigt, die Welt vernünftig zu begreifen und zu gestalten. Von der Tyrannei des Zeitgeistes sollten wir uns als reformatorische Kirchen frei halten. Doch wir sollten den Beitrag der reformatorischen Kirchen zur Freiheitsgeschichte der Neuzeit, auch zu den Befreiungserfahrungen unserer eigenen Generation nicht gering schätzen. Auch in der Erfahrung politischer Freiheit können wir deshalb einen Widerschein der Freiheit erkennen, zu der uns Christus befreit hat.

Auf diesem Hintergrund brauchen wir auch in der Vielgestaltigkeit des europäischen Protestantismus nicht den Ausdruck einer Beliebigkeit zu sehen; wir können diese Vielgestaltigkeit vielmehr so weiterentwickeln, dass sie zu einer Ausdrucksform evangelischer Freiheit wird. Dafür müssen wir allerdings die Verbindlichkeit dieser Freiheit achten. Wenn die Vielgestaltigkeit in Separatismus und Eigenbrötelei mündet, wenn Konfessionalismus sich in Enge und Abgrenzung erschöpft, wird ein Neuaufbruch zu evangelischer Freiheit nötig. Sie ist dadurch geprägt, dass sie in die Verantwortung führt – in die Verantwortung für Weg und Gestalt der Kirche ebenso wie in die Verantwortung für die Zukunftsfähigkeit und die Menschlichkeit der Gesellschaft, in der wir leben.

Der evangelische Beitrag für Europa

Was können die evangelischen Kirchen zu einem Europa in Gerechtigkeit und Frieden beitragen?

In einer Zeit, in der sich ein individualistisches Freiheitsverständnis unverkennbar in Sackgassen verrannt hat, ist es eine besondere Aufgabe evangelischer Kirchen, eine Lebensform vorbildhaft zur Anschauung zu bringen, in der sich Freiheit und Verantwortung, Selbstbestimmung und Verlässlichkeit miteinander verbinden. Das übrigens ist der Gesichtspunkt, unter dem das christliche Ja zur Familie in der Vielfalt ihrer Formen gerade heute an der Zeit ist. In einer Zeit, in der wir mit guten Gründen nach den ethisch zu verantwortenden Grenzen für Forschungsmethoden wie für den Einsatz von Forschungsergebnissen der modernen Lebenswissenschaften fragen, ist es besonders wichtig, deutlich zu machen, dass dies im Horizont der reformatorischen Tradition auf der Grundlage einer klaren Befürwortung der forschenden Durchdringung der Welt, ja auf der Grundlage eines Bündnisses von Glauben und Wissenschaft, Glauben und Bildung, Glauben und Aufklärung geschieht.

Die protestantische Tradition ist vom Respekt für den Pluralismus der Überzeugungen geprägt und betont den offenen und ernsthaften Dialog. Unterschiede sind im Sinne einer wechselseitigen Bereicherung zu verstehen und zur Geltung zu bringen. Interessant ist, dass auch in der politischen Diskussion in Europa der Begriff einer „Einheit in

Vielfalt" immer häufiger verwendet wird. Dieser Begriff hat auch in der kirchlichen Diskussion in Entsprechung zu dem Begriff der „versöhnten Verschiedenheit" als Modell der Kirchengemeinschaft einen festen Ort. Die Kirchen bringen sich in den europäischen Integrationsprozess ein, indem sie unter anderem durch grenzüberschreitende Partnerschaftsarbeit Gestalt und Gehalt, Auftrag und Ziel des europäischen Einigungsprozesses wie einer intensiven europäischen Nachbarschaftspolitik thematisieren. Besonders wichtig ist es dabei, das Bewusstsein dafür wach zu halten, dass Europa nicht an den Grenzen der Europäischen Union endet. Freilich stellt sich die Frage derzeit auch in umgekehrter Form: Endet die Europäische Union an den Grenzen Europas? Die Debatte darüber ist noch keineswegs ausgetragen.

Die dynamische Spannung zwischen Tradition und Innovation ist grundlegend für die evangelischen Kirchen. Protestanten wissen, dass die kritische Auseinandersetzung mit der eigenen Geschichte notwendig ist, wenn Wege der Erneuerung gefunden werden sollen. Uneinigkeiten auszuhalten und den Konsens zu suchen: diese Offenheit ist für evangelische Kirchen eine unumgängliche Voraussetzung dafür, handlungsfähig zu werden und öffentlich wahrnehmbar zu sein. Für jede Kirche ist es heute zentral, zur Verbindlichkeit des Redens und Handelns durchzudringen. Das gilt erst recht angesichts der Herausforderungen, vor denen die evangelischen Kirchen in Europa gemeinsam stehen.

Ein entscheidender Impuls dafür, dass die Gemeinschaft Evangelischer Kirchen in Europa entstand, liegt in der Versöhnungsaufgabe, vor der die Kirchen nach den Katastrophen der beiden Weltkriege des 20. Jahrhunderts standen. Wer die Wirklichkeit mit dem Blick der Versöhnung sieht, nimmt Spannungen zwischen Menschen unterschiedlicher

Prägungen wahr und auf. Versöhnung zielt auf Ausgleich im Interesse eines größeren Ganzen. Das reformatorische Verständnis der Rechtfertigung allein aus Gnade ist im letzten halben Jahrhundert zur Grundlage einer Theologie der Versöhnung geworden, welche die reformatorischen Kirchen verstärkt in den Prozess der europäischen Integration einbringen können.

Die evangelische Gestalt des christlichen Glaubens ist am Leitbild des mündigen Christen orientiert. Sie sieht deshalb in der Mündigkeit des modernen Menschen keine Bedrohung des christlichen Glaubens, sondern eine Folge aus ihm. Daraus folgt die Pflicht, Menschen durch Bildung dazu zu befähigen, eine religiöse Identität auszubilden, von ihr Rechenschaft ablegen und andere religiöse Haltungen verstehen zu lernen. Neue Initiativen zur Familienbildung, Bildung im Elementarbereich, Schulen in kirchlicher Trägerschaft, evangelischer Religionsunterricht, Kinder- und Jugendarbeit und Erwachsenenbildung sind Handlungsfelder, in denen Menschen ihr Verhältnis zum eigenen Glauben klären und zugleich befähigt werden, sich an demokratischer Verantwortung in Europa und für Europa zu beteiligen.

2. Evangelisches Glaubensverständnis

Das vierfache „Allein"

Die Reformation erkennt dem menschlichen Selbst einen ganz neuen Rang zu, weil sie die Würde des einzelnen in der Beziehung zu Gott wurzeln lässt und nicht in den Leistungen des Menschen, seinem Stand, seiner Herkunft, seiner Rasse oder seiner Nation. Die Aufhebung des religiösen Leistungsgedankens entzieht der positiven Bewertung von Leistungen keineswegs den Boden; aber sie misst sie mit menschlichem Maß. Es geht in diesen Leistungen um den verantwortlichen Umgang mit den Gaben, die einem Menschen anvertraut sind. Es geht nicht um die Seligkeit. Aus der uns anvertrauten Würde leben wir; wir stellen sie nicht selber her. In dieser unantastbaren Würde des Menschen sind die Gewissensfreiheit und der Glaubensmut verankert, für welche die Reformation ein unvergessliches Symbol geschaffen hat, nämlich jenes Martin Luthers auf dem Reichstag in Worms, als er sich vor Kaiser und Reich zur freien Erkenntnis des Glaubens nach bestem Wissen und Gewissen bekennt: „Hier stehe ich, ich kann nicht anders. Gott helfe mir. Amen."

Die reformatorische Wiederentdeckung der zentralen biblischen Botschaft ist oft in dem vierfachen *Allein* gebündelt worden: *allein Christus, allein die Schrift, allein die Gnade, allein aus Glauben.* Immer wieder hat protestantische Theologie sich neu um eine solche Konzentration bemüht. Mit besonderer Klarheit und orientierender Standhaftigkeit tat dies die Bekennende Kirche, die in der Barmer Theologischen Erklärung von 1934 diese reformatorische Erkenntnis neu zur Sprache gebracht hat. Sie hat damit den einen, zentralen Glutkern der reformatorischen Erkenntnis freigelegt und neu formuliert.

Allein Christus bekennen wir als das Wort Gottes, das wir (wie es im Barmer Bekenntnis heißt) „zu hören, dem wir im Leben und im Sterben zu vertrauen und zu gehorchen haben." *Allein die Schrift* erkennen wir als Erkenntnisquelle von Gottes Offenbarung an. *Allein die Gnade* betont Gottes Barmherzigkeit als die Mitte unseres Glaubens – mit der Folge, dass „die Botschaft von Gottes freier Gnade auszurichten ist an alles Volk" (Barmer Bekenntnis). *Allein aus Glau-*

ben verweist auf die Würde und Unverwechselbarkeit jedes Menschen, den Gott als sein Ebenbild anredet und dem er die Fähigkeit verleiht, auf diese Anrede zu antworten. In diesem vierfachen *Allein* liegt eine Glut, die vielleicht unter mancher Asche verborgen ist, die aber nach wie vor ein beträchtliches Feuer zu entfachen vermag.

Selbstbewusste Kirche von Anfang an

In der biblischen Pfingsterzählung wird berichtet, dass Menschen aus den unterschiedlichsten Gegenden der damals bekannten Welt sagen konnten: „Wir hören sie in unsern Sprachen von den großen Taten Gottes reden" (Apostelgeschichte 2, 11). Das Pfingstwunder besteht darin, dass Menschen von den großen Taten Gottes in der je eigenen Sprache hören. Darin liegt das Gegenbild zur Geschichte vom Turmbau zu Babel, wo am Schluss keiner mehr die Sprache des Anderen verstand (1. Mose 11, 7). Der Geist Gottes aber ermöglicht, dass die Taten Gottes in den verschiedenen Sprachen gehört werden können.

Für diese pfingstliche Möglichkeit stehen die Kirchen der Reformation in besonderer Weise ein. Denn nach der endgültigen Teilung der Christenheit in eine Ost- und eine Westkirche im Jahr 1054 bestand für ein halbes Jahrtausend im Westen jedenfalls dem Anspruch nach eine Einheitskirche. Sie wurde durch die Reformation aufgebrochen. Luther wollte zwar die eine heilige, allgemeine und apostolische Kirche reformieren. Aber seine reformatorische Zuwendung zum Ursprung der Kirche bewirkte, dass die Kirche sich zugleich ihrer bis dahin verdeckten Pluralität bewusst wurde. Die Übersetzung der Heiligen Schrift und ihre Auslegung in der Landessprache wurden deshalb zu herausgehobenen Kennzeichen der Reformation.

Die evangelische Kirche ist eine Gestalt und Konkretion der einen, heiligen, allgemeinen und apostolischen Kirche wie andere Kirchen auch. Wir haben Anteil an der gesamten Geschichte der Christenheit, nicht nur an den letzten fünfhundert Jahren. Unsere Grundtexte stehen in der Bibel; die frühesten Summarien unseres evangelischen Glaubens sind die altkirchlichen Glaubensbekenntnisse. Die Geschichte der frühen wie der mittelalterlichen Christenheit ist auch unsere Geschichte. Die Geschichte der Reformationskirchen beginnt also zur gleichen Zeit wie diejenige der katholischen und der orthodoxen Kirchen. Die evangelische Kirche hat keinen Grund, sich für eine verspätete Kirche zu halten.

Fünf Grundzüge evangelischen Glaubens

Evangelisches Glaubensverständnis hat seine Mitte darin, dass Jesus Christus die über Leben und Tod entscheidende Wahrheit ist. Zu deren Kraft bekennt sich das Johannesevangelium mit der Aussage: „Ihr werdet die Wahrheit erkennen, und die Wahrheit wird euch frei machen" (Johannes 8, 32). Evangelisches Christsein orientiert sich also an der Wahrheit, die Jesus Christus in Person ist. Weil er die Wahrheit ist, ist er der Herr der christlichen Existenz ebenso wie der Herr der Kirche. In diesem sehr präzisen Sinn bekennt sich eine evangelische Kirche zum *kyrios Iesous,* zum *Dominus Iesus.* Das Bekenntnis zu dieser Wahrheit markiert nicht nur den Unterschied zwischen Kirche und Welt, sondern ebenso auch die Unterscheidung zwischen Christus, der diese Wahrheit ist, und der Kirche, die dieser Wahrheit dient.

Diese Wahrheit wird – das ist der zweite Grundzug – als befreiende Macht erfahren. Sie befreit aus der Lebenslüge, als könnten wir unser Leben selbst herstellen und dessen Sinn selbst produzieren. Sie befreit zu der Einsicht, dass der Mensch mehr ist, als wir im Bild des *homo faber,* des sich und seine Welt selbst erschaffenden Menschen, denken. Der Mensch ist mehr, als er selbst aus sich macht. Er ist deshalb weder mit seinen Taten noch mit seinen Untaten identisch. Er ist das Lebewesen, das beständig über sich selbst hinausweist. Er ist von der Hoffnung getragen, dass er, indem er sich selbst übersteigt, nicht nur auf sich selbst trifft. Darin, dass er von Gott geliebt und anerkannt ist, findet er die Wahrheit wie den Frieden seines Lebens.

Indem Gottes Wahrheit uns – das ist der dritte Grundzug – in dem Menschen Jesus von Nazareth begegnet, tritt uns die Berufung zum Menschsein entgegen. Von Gott wird jede und jeder als menschlicher Mensch angesprochen, als eine von Gott definitiv anerkannte und mit einer unverlierbaren Würde begabte Person. Die Würde, die jedem Menschen zukommt, kann „durch keine menschliche Tat überboten und durch keine menschliche Untat zerstört werden" (Eberhard Jüngel). Weil es sich so verhält, kommt diese Würde nicht nur der Menschheit als Gattung, sondern in unantastbarer Weise jedem einzelnen Menschen zu. Die darin begründete Hochschätzung des einzelnen Menschen bringt evangelischer Glaube ins Gespräch der Gegenwart ein. Sie ist von Gewicht sowohl im Gespräch der christlichen Konfessionen wie im Gespräch mit dem Islam und anderen religiösen Überzeugungen. Freilich ist diese Hochschätzung des einzelnen Menschen, der in seiner Einmaligkeit von Gott geliebt und anerkannt ist, grundsätzlich wie praktisch deutlich zu unterscheiden von einem Individualismus, der gerade von der Vorstellung geprägt ist, als sei jeder Mensch der Herr des eigenen Lebens und insofern auch nur sich selbst verantwortlich.

Die protestantische Hochschätzung menschlicher Verantwortung und menschlicher Leistung gründet nicht in der Vorstellung, sich durch Eigenverantwortung selbst produzieren oder durch eigene Leistung selbst sichern zu können. Sie gründet vielmehr – und das ist der vierte Grundzug – in dem Dank für die uns anvertrauten Gaben, von denen wir in Freiheit einen verantwortlichen Gebrauch machen können. Evangelische Ethik ist eine Ethik der Dankbarkeit und zugleich eine Ethik verantworteter Freiheit. Sie drängt deshalb auf Lebensformen, in denen beides Raum finden kann: Dankbarkeit und verantwortete Freiheit. Dankbarkeit drängt auf das Gotteslob und braucht deshalb einen Raum der persönlichen Glaubensfreiheit wie der gemeinschaftlichen Religionsfreiheit, in dem dieses Gotteslob laut werden kann. Verantwortete Freiheit drängt auf eine Gestalt der Gesellschaft, in der gerechte Teilhabe möglich ist. Dass sich alle an der Gestaltung des gemeinsamen Geschicks beteiligen können, ist ein Grundimpuls des evangelischen Glaubens. Die Verbürgung von Grundfreiheiten und die Ermöglichung von demokratischer Mitwirkung liegen genauso in der Richtung dieses Grundimpulses wie die Ermöglichung von wirtschaftlicher Teilhabe in einer Gesellschaft, in der für Gerechtigkeit und Solidarität Raum ist. In all dem und über all dem bilden der Respekt für die Integrität des anderen Menschen und damit der Verzicht auf Gewalt sowie eine tragfähige Gestalt des gemeinsamen Lebens – also der Frieden unter den Menschen und die Bewahrung der Natur – den unerlässlichen Horizont verantworteter Freiheit.

Eine Kirche, die aus der befreienden Wahrheit lebt, die in

Jesus Christus als Person begegnet, ist eine Kirche der Freiheit. Das ist der fünfte und letzte Grundzug, den ich hier hervorheben möchte. Die Kirche der Freiheit ist dadurch geprägt, dass das Gotteslob, das der ganzen Gemeinde anvertraut ist, in Freiheit erklingt. Die Taufe ist die Ordination zu diesem Gotteslob; Frauen und Männer haben an ihm Anteil; die Gemeinde und das ordinierte Amt sind an ihm in gleicher Weise beteiligt. Kirche der Freiheit ist sie, weil sie sich den Herausforderungen ihrer jeweiligen Zeit stellt und ihre Antworten auf die Fragen der Zeit vor der Botschaft der Heiligen Schrift verantwortet. Kirche der Freiheit ist sie, weil sie jeden Getauften dazu befähigen möchte, seinen Glauben zu verantworten und Rechenschaft abzulegen von der Hoffnung, die in ihm ist. Verantwortete Freiheit ist nicht nur der Grundzug evangelischer Existenz in der Welt, sie bestimmt zugleich das Profil einer evangelischen Kirche. Die Evangelische Kirche in Deutschland hat ihren kirchlichen Reformprozess deshalb unter den Leitbegriff der *Kirche der Freiheit* gestellt.

3. Kirche der Freiheit*

„Die Zeit des Schweigens ist vergangen, und die Zeit des Redens ist gekommen." In Wittenberg wurde dieser Satz geprägt. Martin Luther richtete ihn im Jahr 1520 „an den christlichen Adel deutscher Nation" und forderte diesen dazu auf, das Seine für „des christlichen Standes Besserung" zu tun.

---

* Dem folgenden Textabschnitt liegt der Eröffnungsvortrag für den Zukunftskongress der Evangelischen Kirche in Deutschland zugrunde, der von 25.-27. Januar 2007 in Wittenberg stattgefunden hat.

Nun ist die Zeit christlicher Adelsherrschaft vorbei. Zum „christlichen Adel" gehören alle Getauften; sie alle sind aufgefordert, das Ihre zu „des christlichen Standes Besserung" zu tun. Sie alle sind zur Antwort auf den Ruf des Evangeliums berufen.

Als Gemeinschaft der durch die Taufe „Geadelten" fragt die evangelische Kirche nach ihrem Weg im 21. Jahrhundert. Sie fragt danach, wie sie das Evangelium von der Rettung des gottlosen Menschen durch Gottes Gnade so zu Gehör bringen kann, dass es die Menschen erreicht. Sie fragt deshalb nach der evangelischen Gestalt des christlichen Glaubens im 21. Jahrhundert – „Evangelisch im 21. Jahrhundert". Christliche Freiheit ist dafür das Losungswort. Als Kirche der Freiheit will sie wirken und wahrgenommen werden. „Unsre Seele ist entronnen wie ein Vogel dem Netze des Vogelfängers; das Netz ist zerrissen, und wir sind frei." Dieser Vers aus dem 124. Psalm bildet das biblische Motto für solche Überlegungen.

Ich werde zunächst danach fragen, um welche Freiheit es denn geht, wenn wir von der christlichen Freiheit sprechen. Sodann soll unsere Aufmerksamkeit der Neuentdeckung dieser Freiheit in der Reformation gelten. Wie diese Neuentdeckung im 21. Jahrhundert wahrgenommen und bewahrt werden kann, ist anschließend zu bedenken. Schließlich wende ich mich der Frage zu, was sich aus dieser Konzentration auf die christliche Freiheit für das Verständnis der Kirche ergibt. Dabei will ich ausdrücklich auf die aktuelle Bedeutung eingehen, die in der Forderung nach einer „Kirche für andere" enthalten ist. Das alles soll in einer Weise bedacht werden, die zwischen dem Handeln Gottes und dem Handeln der Menschen, zwischen der Zukunft Gottes und der von uns zu gestaltenden Zukunft unterscheidet.

Unter den drei Leitbegriffen der neuzeitlichen Revolutionen – Freiheit, Gleichheit, Brüderlichkeit – ist vor allem die Freiheit zu einem Schlüsselwort für das Selbstverständnis des modernen Menschen geworden. Seine Berufung zum aufrechten Gang, die ihm anvertraute Fähigkeit, Subjekt des eigenen Handelns, ja der eigenen Lebensgeschichte zu sein, der ihm zugetraute Mut, sich des eigenen Verstandes zu bedienen, die Erfahrung mit sich selbst in der Erschließung der Welt: all das gibt dem Begriff der Freiheit einen unvergleichlichen Klang. Er ist voller Verheißungen.

Immer wieder jedoch wurde die Freiheitseuphorie mit Enttäuschungen konfrontiert. Aber endgültig beugen ließ sich das Freiheitsbewusstsein dadurch nicht. Empirisch lässt es sich nicht beweisen; vielmehr ist es dem Menschen mit seinem Menschsein zugesprochen, zu dem die Möglichkeit gehört, Handlungen von sich aus anzufangen. Doch woher wissen wir, dass unsere Handlungen aus Freiheit geschehen, dass wir selbst ihre Urheber sind? Wir wissen es jedenfalls nicht einfach durch die Beobachtung des Menschen selbst. Aber wir wissen, dass wir den Begriff des Menschen selbst preisgeben würden, rechneten wir ihm seine Handlungen nicht mehr zu.

Der Grund christlicher Freiheit

Freiheit ist ein Schlüsselbegriff schon des biblischen Zeugnisses. Diesem Zeugnis gemäß ist Freiheit die große Gabe Gottes an die Menschen. Ihr wohnt die Verheißung des Gelingens ebenso inne wie die Verführung zum Misslingen. Die ihm als Geschenk anvertraute Freiheit zu bewahren, die in der Befreiung aus der Sünde erneuerte Freiheit verantwortlich zu gebrauchen, ist Gottes Auftrag an den Menschen. In allen großen Traditionsströmen des christlichen Glaubens hat diese Freiheitszusage ihren Ort, weitergegeben von Generation zu Generation.

Dabei waren die christlichen Kirchen keineswegs immer Vertreter und Förderer der Freiheit. Sie haben immer wieder vor den Folgen der Freiheit gewarnt und den Missbrauch der Freiheit beklagt; sie haben die vom christlichen Glauben selbst ausgelösten Freiheitsprozesse auch negiert und problematisiert. Es geht also nicht einfach darum, eine Erfolgsgeschichte zu erzählen. Wohl aber gilt es zu würdigen, dass in allen diesen verschiedenen Haltungen der Mütter und Väter im Glauben immer wieder der Versuch zu erkennen war, das besondere Freiheitsverständnis des christlichen Glaubens zu dem jeweils dominanten weltlichen Freiheitsverständnis als Quelle und kritisches Gegenüber ins Verhältnis zu setzen; es hat dadurch immer wieder zur Präzisierung und zum tieferen Verständnis der Freiheit beigetragen.

Die christliche Theologie hat um das rechte Verständnis der Freiheit gerungen. Sie hat in allen ihren Phasen, Ausgestaltungen, Richtungen und Verästelungen festgehalten, dass das christliche Freiheitsverständnis einen unaufgebbaren Beitrag zum Verständnis und zur Gestaltung der Freiheit leistet. Diese christliche Freiheit wird auch die alleinige und entscheidende Basis sein, die uns als Kirche der Freiheit evangelisch im 21. Jahrhundert sein lässt. Bei aller Ungewissheit über die Wege, die vor uns liegen, werden wir den nötigen Mentalitätswandel nur in der Freiheit finden, die Gott uns in Jesus Christus schenkt und die wir im Glauben für uns gelten lassen. Orientierung finden wir in der Freiheit durch Gott, zu uns selbst und für unsere Nächsten.

Auch eingedenk des 400. Geburtstages Paul Gerhardts,

den unsere Kirche im Jahr 2007 besonders feiert, will ich an dieser Stelle in das Lied eines anderen, großen Liederdichters einstimmen. Der Erfurter Professor und Mühlhausener Pfarrer Ludwig Helmbold hat eines der schönsten Danklieder unserer evangelischen Tradition gedichtet; Johann Crüger hat ihm wie auch vielen Liedern Paul Gerhardts eine musikalische Gestalt gegeben, durch die es über die Jahrhunderte hin vertraut blieb. Ich meine das Lied „Nun lasst uns Gott dem Herren Dank sagen und ihn ehren". Das Lied endet mit einem großen Ausblick; als Gebet singen evangelische Gemeinden seit Jahrhunderten diesen Vers: „Erhalt uns in der Wahrheit, gib ewigliche Freiheit, zu preisen deinen Namen durch Jesus Christus. Amen" (Evangelisches Gesangbuch 320, 8).

In wenigen Worten wird sie vor uns gestellt: die in der Wahrheit gründende „ewigliche Freiheit" eines Christenmenschen. Diese Freiheit erhält ihre Bestimmtheit durch den Namen Jesu Christi. Und sie kommt zu ihrer höchsten Erfüllung, wenn sie sich aufschwingt zum Lob Gottes, der in Jesus Christus uns zu Gute menschliche Gestalt annimmt. Eine in Gottes Menschwerdung begründete Freiheit, die im Lob Gottes ihre Erfüllung findet – das ist in der Tat eine Freiheit, die der Mensch sich nicht dadurch plausibel machen muss, dass er sie an sich selbst und seinen Taten aufweist. Dies ist keine Freiheit, die dadurch geprägt ist, dass sie alles Mögliche für gleich gültig erklärt. Sondern es ist eine Freiheit, die sich ein Mensch von Gott schenken lässt, um sie im Verhältnis zu sich selbst wie im Eintreten für seinen Nächsten zu bewähren. Sie erhebt sich aus der Gefangenschaft allen Machens und Schaffens. Sie lässt sich nicht durch uns selbst verbürgen, durch unsere Fähigkeiten, Finanzen oder Freunde; sondern sie verdankt sich der Güte

Gottes. „Erhalt uns in der Wahrheit, gib ewigliche Freiheit, zu preisen deinen Namen durch Jesus Christus. Amen."

„Evangelisch im 21. Jahrhundert" wird diese Erkennungsmelodie auf den Lippen tragen. Diese Melodie wird zum Mitsingen einladen; denn nur in diesem Gesang der Befreiten ist unsere Kirche auch in Zukunft eine Kirche der Freiheit.

Der Rat der Evangelischen Kirche in Deutschland hat im Januar 2007 zu einem Zukunftskongress nach Wittenberg eingeladen. Wer das tut, der will mit den Vätern und Müttern der Reformation in die Zukunft gehen; er will erneut in die Schule der Anfänge gehen; er will sich unter die Kanzel Martin Luthers setzen, der in der Stadtkirche in Wittenberg über die Freiheit eines Christenmenschen predigte und ihren Grund freilegte, indem er, die eine Hand auf dem Bibelbuch, mit der anderen von sich weg auf den Gekreuzigten wies. Worum es in der ewiglichen Freiheit geht, die in der Wahrheit gründet, stand damals auch jedem Einwohner Wittenbergs sehr konkret vor Augen.

Das Jenseits des Diesseits, das Leben vor und bei Gott, war sehr real, ja erschreckend nah. Jeder Mensch, so hieß die Vorstellung, – ob jung oder alt, ob Mann oder Frau, ob arm oder reich – wird sich vor Gott zu verantworten haben für sein Tun und Lassen, für sein Dichten und Trachten, minutiös aufgezeichnet im Buch des Lebens. Auch die Innenwelt der Seele wird notiert, jeder Traum, jede Begierde, jeder dunkle Gedanke wird festgehalten, es gibt kein Täuschen oder Verstecken, das ganze Leben – innen und außen – ist transparent für diese letzte Urteilsinstanz.

„Herr, du erforschest mich und kennest mich. Ich sitze oder stehe auf, so weißt du es; du verstehst meine Gedanken von ferne", heißt es im 139. Psalm, der keineswegs immer als Ausdruck des Vertrauens auf Gott, sondern oft auch als Anleitung zur Selbsterforschung und Selbstprüfung verstanden worden ist. „Was ihr getan habt" – oder eben: „nicht getan habt" – „einem von diesen Geringsten, das habt ihr mir getan" – oder eben: „nicht getan." So heißt es im Gleichnis vom Weltgericht (Matthäus 25, 40.45). Es lässt keinen Zweifel daran, dass dem endzeitlichen Richter all unser Tun in einer vollständigen Transparenz vor Augen steht. „Wir müssen alle offenbar werden vor dem Richterstuhl Christi, damit jeder seinen Lohn empfange für das, was er getan hat bei Lebzeiten, es sei gut oder böse" – so fasst der Apostel Paulus (2. Korinther 5, 10) das Motiv in Worte, das in vielen christlichen Kirchen an den prominentesten Stellen ins Bild gefasst wurde, die dafür überhaupt nur gewählt werden konnten: im nach Osten ausgerichteten Chor, wo der Blick des Beters auf die *Maiestas Domini*, die Majestät des Weltenherrschers und Weltenrichters Christus fiel, oder an der gegenüberliegenden Westwand, wo in detailfreudigen Gerichtsszenen geschildert wurde, wie alle mit ihren Taten vor dem Richter stehen und ihr Urteil entgegennehmen müssen.

Luther stellte sich – wie die meisten Menschen damals – jene himmlische Beurteilung wie eine weltliche Gerichtsverhandlung vor: mit einem gestrengen Richter, der sich nur an Recht und Gesetz hält; mit einem Ankläger, der alle Taten vorträgt; und mit einem Delinquenten, der schon bald nichts mehr zu seiner Verteidigung vorzubringen vermag. Denn seine guten Taten wirken nur kläglich gegen alle Schuld und Sünde, die der Ankläger vorzubringen weiß; der Weg in die ewige Hölle ist unabwendbar. Aber gerade da, als alles verloren scheint, tritt dieser Eine auf, Jesus Christus. Er stellt sich zwischen den Delinquenten und den Richter, er nimmt dem Richter gleichsam die Sicht auf die arme Kreatur und sagt: ‚Vater, schau nicht auf ihn, schau auf mich, und dann urteile'. Angesichts dieses seines Sohnes wird der Mensch „ewiglich frei" gesprochen, er ist dem Tod entkommen und kann – um Paul Gerhardt doch noch zu Ehren kommen zu lassen – fröhlich singen: „Die Höll und ihre Rotten, die krümmen mir kein Haar; der Sünden kann ich spotten, bleib allzeit ohn Gefahr" (Evangelisches Gesangbuch 112, 4).

Durch diesen einen Mittler ist der Mensch von der Sünde kraft der Gerechtigkeit Gottes selbst frei gesprochen. Er ist befreit für ein Leben aus Glauben, in dem er dem Nächsten gute Werke tun kann, ohne der Frage ausgesetzt zu sein, ob diese dazu reichen, vor Gott bestehen zu können. Der Mensch ist frei, ewiglich frei, ganz ohne sein Verdienst, ganz ohne seine Werke, *allein durch Christus, allein aus Gnade.* Und Christus hilft diesem wunderbar Befreiten auf die Beine und führt ihn dorthin, wo er mit allen anderen gemeinsam in „ewiglicher Freiheit" Gott loben und preisen kann. Weil der Mensch diesen wunderbaren Ausgang im lebendigen Wort Gottes zugesagt erhält und mit ganzem Herzen, ganzer Seele und all seiner Kraft glaubt, mit einem Glauben, „der durch die Liebe tätig ist" (Galater 5, 6), hat er schon in seinem diesseitigen Leben Teil an jener „ewiglichen Freiheit", *allein aus Glauben, allein durch das Wort.* Er kann nun schon in dieser Welt singen und sagen: „Meine Seele ist entronnen wie ein Vogel dem Netze des Vogelfängers; das Netz ist zerrissen, und ich bin frei".

Dies ist der Kern aller christlichen Glaubensfreiheit: Sie ist Freiheit von der Sünde und Freiheit zum Gotteslob; sie ist in Gottes Gnade und Barmherzigkeit gegründet, in Christi Sterben und Auferstehen offenbar, in der Heiligen Schrift bezeugt und im Glauben ergriffen. Diese Befreiung von Furcht und Zittern enthält eine existentielle Kraft in sich. Durch sie wird der christliche Glaube zu einer Lebenshaltung, die von Gottvertrauen und Zuversicht geprägt ist und sich deshalb an die Aufforderung des Apostels hält: „Zur Freiheit hat uns Christus befreit! So steht nun fest und lasst euch nicht wieder das Joch der Knechtschaft auflegen!" (Galater 5, 1).

Aus dieser existentiellen Kraft erklärt sich auch die Wirkungsgeschichte der von Wittenberg ausgehenden Reformation. Wie eine Druckwelle breitet sich die wieder entdeckte „Freiheit eines Christenmenschen" in Europa aus, sie wird weitererzählt, weitergepredigt, weiterbeschrieben in immer neuen Bildern, in immer neuen Anläufen. Sie wird aufgenommen und abgewandelt, auch missdeutet und missbraucht, sie wird veredelt und verdichtet, auch verhärtet und dogmatisiert, aber sie bleibt der Gründungsakt und die Verfassungsurkunde aller reformatorischen Kirchen. Der in Gottes Barmherzigkeit und ihrer Offenbarung in Christus gegründete freie Blick des Menschen auf Gott und der aufrechte Gang im Glauben machen aus den Kirchen der Reformation „Kirchen der Freiheit". Aus diesem Impuls entsteht das Beharren auf einer Gewissensfreiheit, die gegenüber den Ansprüchen der Mächtigen eine unantastbare Instanz der Verantwortung vor Gott und der aus ihr folgenden Selbstbestimmung bildet.

Aus diesem Impuls entsteht die Kraft zu einer kulturellen Gestaltung, für die sich die Bezeichnung des Protestantismus eingebürgert hat. Bis zum heutigen Tag ist deutlich, dass der reformatorische Impuls mit diesen kulturellen Wirkungen zusammengehört. Deshalb achten wir auch wieder neu auf lebendige, sich immer wieder erneuernde kulturelle Gestaltungsformen evangelisch geprägter Kultur. Es ist bekannt, in welch vielfältigen Formen sich die reformatorische Tradition, auch in Gestalt des evangelischen Pfarrhauses, insbesondere auf Literatur und Musik ausgewirkt hat. Die Erneuerung dieses konstruktiven Verhältnisses zwischen Glaube und Kultur gehört zu den Hoffnungszeichen unserer Gegenwart.

Zugleich kann der reformatorische Impuls so wenig auf einen Kulturprotestantismus reduziert werden, wie es angeht, das Christentum auf ein bloßes Kulturchristentum zu verengen. Ein Kulturchristentum bezieht sich auf die Prägungen, die unsere Lebenswelt bestimmen. Der christliche Glaube aber ist eine Haltung, die unser Leben bestimmt. Ein Kulturprotestantismus beruft sich auf die gesellschaftlichen Folgen, die aus der Wiederentdeckung der christlichen Freiheit erwachsen sind. Evangelischer Glaube aber bekennt sich zu ihrer Quelle: zu der Freiheit, zu der uns Christus befreit. Kulturelle Bedeutung und gesellschaftliche Folgen sind gewiss von großem Gewicht; aber sie sind nicht alles. Wer das Christentum nur als Kultur versteht, sieht seine Aufgabe vor allem darin, eine „Tradition" zu bewahren und ein „Erbe" zu verwalten. Wer sich auf die Quelle dieser kulturellen Wirkungen besinnt, fragt nach der lebendigen Kraft, die das eigene Leben ergreift und deren kulturelle Folgen sich deshalb auch zu erneuern vermögen.

Es ist dieses weithin leuchtende Feuer der „ewiglichen Freiheit", diese Freiheitsglut des christlichen Glaubens, die uns auch im 21. Jahrhundert den Weg weisen kann. Alle Veränderungen und Neugestaltungen, die wir uns vornehmen, alle Zielverabredungen und Qualitätsanstrengungen, alle Strukturverbesserungen und Fortbildungsanstrengungen müssen sich als Dienst an dieser Freiheit verstehen lassen, sonst taugen sie nicht. Soweit die evangelische Kirche die von Gott geschenkte Freiheit des Glaubens als ihre Quelle bekennt, aus ihr lebt und sie durch Wort und Tat weitervermittelt, soweit kann und darf sie sich auch in Zukunft eine „Kirche der Freiheit" nennen.

Natürlich haben sich die Konstitutionsbedingungen der Freiheit so dramatisch verändert, dass heute neu und anders von der Freiheit erzählt werden muss, als es Luther in Wittenberg vor bald fünfhundert Jahren tat. „Der Horizont ist weggewischt", lässt Nietzsche seinen Zarathustra sagen. Richtig ist daran, dass mit der Aufklärung und der Neuzeit das Jenseits jenseitiger und das Diesseits diesseitiger geworden sind. Eine Zeit lang verbreitete sich die Meinung, es könnten rein diesseitige Verheißungen der Freiheit als endgültige Zukunft ausgegeben werden. Daraus gespeiste Utopien haben manche Aufbrüche ausgelöst, aber zugleich Zerrüttungen und Zerstörungen bewirkt.

Heute spüren wir, dass reine Diesseitigkeit ein Verhängnis ohne Ausweg ist. Wer sich ihr unterwirft, lebt unter dem Verhängnis einer doppelten Verschattung. Der Aufblick zu Gott ist ebenso verdunkelt wie der Ausblick auf die Zukunft. Blickt der Mensch über sich selbst hinaus, so stößt er doch nur auf sich selbst; er trifft beim Überschreiten der eigenen Gegenwart nur noch auf die Zukunft, die er selbst machen kann. Weil es dabei nicht bleiben kann, ist ein neues Nachdenken über die christliche Freiheit nötig; weil es dabei aber so oft bleibt, muss dieses neue Nachdenken über die christliche Freiheit wieder (mit Karl Barth zu sprechen) mit dem Anfang anfangen.

Für das reformatorische Denken ist der entscheidende Grundsatz für die „ewigliche Freiheit" in einem Satz eingefangen, den Martin Luther 1530 an seinen Freund und Fürsprecher Georg Burkhardt Spalatin schrieb: „Wir sollen Menschen und nicht Gott sein. Das ist die Summa!" In die Wahrheit gelangt der Mensch, wenn er nicht sich selbst definiert, sondern sich von Gott definieren lässt – als der Mensch nämlich, der durch Gottes Gnade und durch sie allein zu sich selbst kommt.

Es wäre ein Missverständnis, diese klare Unterscheidung von Mensch und Gott dahingehend aufzulösen, als sei der Mensch von Gott frei geworden und bräuchte ihn nicht mehr. Im Gegenteil: Die Unterscheidung macht bewusst, dass ein Mensch zu sich selbst in ein Verhältnis treten kann, weil ihm dies durch Gott möglich wird. Die Reformation beschrieb das in dem Bild, dass innerer und äußerer Mensch einander gegenüber stehen. Das Selbstsein des Menschen wird unterscheidbar von der Summe seiner Tätigkeiten. Der Mensch, der vor Gott gerecht gesprochen ist, wird dadurch frei von der Knechtschaft des Äußerlichen. Indem er sich durch Gottes Gnade neu wahrnimmt, findet er zu sich selbst. Er hat nun den Rücken frei vom Ballast der Selbstbestätigung. Das selbstgesponnene „Netz ist zerrissen, und wir sind frei." Der Mensch kann frei und aufrecht gehen. Er macht die Erfahrung, dass die verheißene „ewigliche Freiheit" etwas anderes ist als die äußere Freiheit. Ohne diese Erfahrung hätten all die Zufälligkeiten unserer äußeren Freiheit gerade zu stehen für die ungeheure Behauptung, dass sich in ihnen bereits erfüllt, wozu uns Gott berufen hat – nämlich zur Freiheit. Das aber wäre ohne Zweifel eine „maßlose Behauptung und hypertrophe Versicherung" (Eberhard Jüngel).

Gewiss hat man bisweilen die Zuwendung zum inwendigen Menschen als Lob einer gemütvollen, ja gemütlichen Innerlichkeit missverstanden, die sich gegebenenfalls sogar mit äußerer Unfreiheit zu arrangieren weiß, weil sie sich auf einen behaglichen Seelenfrieden zurückzieht. Doch es geht bei dieser Unterscheidung um etwas ganz anderes. Es geht darum, wie sich ein Mensch auf das eine, befreiende Wort Gottes stützen kann, das in Jesus Christus Person ist. Das kann nur in einem radikalen Freiheitsbewusstsein geschehen, das sich von allen selbst gemachten Bedingungen und Folgen ebenso unabhängig weiß wie von allen äußeren Bedingtheiten und Bestimmtheiten.

Doch die Unterscheidung zwischen innerem und äußerem Menschen nötigt zugleich dazu, deren Zusammengehörigkeit zu bedenken. Wer sich einer Freiheit verdankt, die unverfügbar ist, weiß sich für die Gestaltung von Räumen verantwortlich, in denen diese Freiheit zur Erfahrung kommt. Deshalb interessiert sich der christliche Glaube für die Bedingungen, Voraussetzungen und Folgen im eigenen Handeln ebenso wie für die Bedingtheiten und Bestimmtheiten des gesellschaftlichen Zusammenlebens. Er setzt sich leidenschaftlich für Lebensverhältnisse ein, in denen Freiheit erfahrbar wird. Der christliche Glaube ist als Religion der Freiheit eine Religion der Aufklärung und der Vernunft, des freien Dienstes am Nächsten und der politischen Mitverantwortung.

Aus der Erfahrung des inwendigen, also im Innern durch den Glauben vergewisserten Menschen heraus sprechen die Lieder Martin Luthers wie Paul Gerhardts, erklingen die Melodien Johann Crügers wie Johann Sebastian Bachs, speisen sich die Aufbrüche vom Pietismus bis zur Bekennenden Kirche, leben neue geistliche Impulse vom Gemeinsamen Leben Dietrich Bonhoeffers bis zur Erneuerung einer politischen Mystik durch Dorothee Sölle oder der fröhlichen Auftragsgewissheit von Klaus Peter Hertzsch, nähren sich die Formen geistlichen Lebens von den Bruder- und Schwesternschaften der Diakonie bis zu den evangelischen und ökumenischen Kommunitäten.

Wenn wir heute mit neuem Nachdruck vom inneren Menschen und davon sprechen, dass die Freiheit des Glaubens den einzelnen ergreift und verwandelt, wenn wir von daher in der so begründeten Freiheit der Person und ihres Gewissens den entscheidenden Beitrag der evangelischen Christenheit zum christlichen Zeugnis in unserer Zeit sehen, dann geschieht das keineswegs, wie auch von katholischen Gesprächspartnern vermutet wird, in einer schlichten Anknüpfung an einen neuprotestantischen Kulturprotestantismus. Vielmehr muss man auch Friedrich Schleiermacher und Adolf von Harnack, die in solchen Zusammenhängen immer wieder genannt werden, zutrauen, dass sie genau an dieser Stelle einen urreformatorischen Impuls aufgenommen haben – einen Impuls also, der nicht erst im Berlin des 19., sondern schon im Wittenberg des 16. Jahrhunderts laut geworden ist. Dieser Impuls liegt eben in der Unterscheidung zwischen dem inneren und dem äußeren Menschen. An ihr wird anschaulich, was es bedeutet, dass der Mensch durch das Geschenk des Glaubens zu sich selbst kommt.

Wo diese Dimension evangelischer Freiheit verkümmert, hat der Baum der evangelischen Kirche zu flache Wurzeln. Tiefe Wurzeln aber braucht dieser Baum auch für alle gesellschaftliche Verantwortung und diakonische Aktivität, für alle Verpflichtung zur weltweiten Ökumene und zum missionarischen Aufbruch.

Gemeinschaft um Wort und Sakrament

Die Reformation hat deshalb bei aller Weite der christlichen Freiheit den Begriff der Kirche ganz konsequent vom Gottesdienst her bestimmt. Denn im gefeierten Gottesdienst vergewissert sich die christliche Gemeinde ihres Grundes: der Erlösung in Jesus Christus. Und im gefeierten Gottesdienst kommt sie ihrer allerersten Pflicht nach: dem Lob Gottes.

Deshalb ist die christliche Kirche nach der Aussage des Augsburgischen Bekenntnisses von 1530 die „Versammlung aller Gläubigen ..., bei denen das Evangelium rein gepredigt und die Sakramente dem göttlichen Wort gemäß gereicht werden". Weil der Gottesdienst Grund und Gestalt der Kirche miteinander verbindet, bezeichnet die Barmer Theologische Erklärung von 1934 die christliche Kirche als eine geschwisterliche Gemeinschaft, „in der Jesus Christus in Wort und Sakrament durch den Heiligen Geist als der Herr gegenwärtig handelt", nämlich als der *eine* Herr dieser Gemeinschaft von Gleichen. Weil die Feier des Gottesdienstes die Kirche Jesu Christi konstituiert, bindet die Leuenberger Konkordie die Möglichkeit der Kirchengemeinschaft an die „gewonnene Übereinstimmung im Verständnis des Evangeliums"; sie ermöglicht es, „einander Gemeinschaft an Wort und Sakrament (zu) gewähren und eine möglichst große Gemeinsamkeit in Zeugnis und Dienst an der Welt (zu) erstreben". Aber weder die schon erreichte Einheit in Zeugnis und Dienst noch die bereits verwirklichte Einheit in der Gestalt der kirchlichen Ämter wird zur Voraussetzung dafür erklärt, einander Gemeinschaft an Wort und Sakrament zu gewähren. Denn diese Gemeinschaft gründet allein im übereinstimmenden Verständnis des Evangeliums.

Diese Konzentration auf das Evangelium, das im Gottesdienst in Wort und Sakrament begegnet, ist das entscheidende Charakteristikum des evangelischen Kirchenbegriffs. Darin liegt zugleich seine ökumenische Weite begründet. Er achtet das Amt in der Kirche hoch; aber er bindet die Möglichkeit der Kirchengemeinschaft nicht exklusiv an eine bestimmte Gestalt dieses Amtes. Er weiß um die Aufgaben geistlicher Leitung und Aufsicht in der Kirche; aber er beschränkt die *Episkope* nicht auf die eine Form des historischen und hierarchischen Bischofsamtes. Er ist keineswegs gleichgültig gegenüber den Fragen der sichtbaren Gestalt der Kirche; denn ihn prägt die Überzeugung, dass die Kirche auch mit ihrer Gestalt und der sie prägenden Ordnung zu bezeugen hat, dass sie zu Christus gehört und in seinem Dienst steht. Aber dieses evangelische Kirchenverständnis sieht in Ordnung und Gestalt der Kirche menschliche Antworten auf das Evangelium, also Ausdrucksformen verantwortlichen menschlichen Handelns. Es ist gerade diese Unterscheidung und Verbindung zwischen Grund und Gestalt der Kirche, zwischen Konzentration und Weite, zwischen göttlichem Wirken und menschlicher Verantwortung, welche die evangelische Kirche in einem spezifischen Sinn zu einer Kirche der Freiheit macht.

Denn auch im Blick auf die Kirche kann der Glaube an Gott vor der Versuchung bewahren, die Dinge des Diesseits jenseitig aufzuladen. Die Achtung des Ersten Gebots hat unmittelbare Folgen für das Verständnis der Kirche. Als Gemeinschaft der Glaubenden hat sie allein Gott die Ehre zu geben. Sie hat in gemeinsamer Verantwortung Sorge dafür zu tragen, dass sie „mit ihrem Glauben wie mit ihrem Gehorsam, mit ihrer Botschaft wie mit ihrer Ordnung mitten in der Welt der Sünde als die Kirche der begnadigten Sünder" Kirche Jesu Christi ist, wie dies die Barmer Theologische Erklärung formuliert.

Eine in solcher Nüchternheit verstandene Kirche der Freiheit hat sich gemäß ihrem Auftrag und gemäß verantwortlicher Einsicht über ihre Gestalt Rechenschaft abzulegen und diese wo nötig umzugestalten. Sie befindet sich ständig im Prozess der Erneuerung. Damit sind nicht eine pauschale Kritik am Überkommenen und ein Zwang zur Veränderung um ihrer selbst willen gemeint. Gemeint ist die dieser Kirche von ihrem Grund her innewohnende Freiheit dazu, ihre Strukturen immer wieder neu auf ihre Auftragsgemäßheit hin zu prüfen, dasjenige zu bewahren, was der Verkündigung des Evangeliums in Wort und Tat dient, und zugleich neue Wege dafür zu suchen. Auch in Zukunft wird dies nicht einfach *ein* Weg sein. Die Vielfalt protestantischer Gestaltungsformen bleibt auch im 21. Jahrhundert ein mit dem evangelischen Kirchenverständnis gegebener und geschenkter Reichtum und in sich selbst ein Ausdruck evangelischer Freiheit. Die Ermutigung zu unterschiedlichen Formen und Profilen von Gemeinden ist ein konkretes Beispiel dafür.

In der Konzentration des evangelischen Kirchenverständnisses auf den Gottesdienst als das Geschehen, in dem die Kirche ihres Grundes wie ihres Auftrags gewiss wird, liegt der entscheidende Grund dafür, dass alle Reformprozesse in der evangelischen Kirche sich zuallererst auf die kirchlichen Kernaufgaben und auf eine Profilierung der geistlichen Grundlagen und Grundvollzüge kirchlichen Lebens richten und richten müssen. Aus dieser Konzentration ergibt sich auch die besondere Wertschätzung all der beruflichen und ehrenamtlichen Tätigkeiten, die der um Wort und Sakrament versammelten Gemeinde zu Gute kommen. Das gemeinsame Ziel sollte es sein, dass dieser Einsatz wachsende Resonanz findet, ja dass von ihm eine missionarische Ausstrahlung ausgeht. Der öffentliche, nach außen gewandte Charakter des Gottesdienstes soll neu zur Geltung kommen. Dafür wird immer weiter an seiner inneren Kraft und Qualität, an der Anmut und dem Glanz unserer Gottesdienste gearbeitet werden. Dass Gottesdienste zum Lob Gottes gefeiert werden, dass sie Glauben wecken und im Glauben stärken, soll neu zum Bewusstsein kommen.

Deshalb spreche ich von einem geistlichen Mentalitätswandel. Alle Rede von der Konzentration auf Kernaufgaben, von der Profilierung des Evangelischen, von der qualitätvollen Arbeit in der Vielfalt kirchlicher Handlungsfelder verweist auf diesen Grundgedanken. Zukunft hat die evangelische Kirche durch ihre geistliche Kraft. Alle äußeren Gestaltungen und Umgestaltungen unserer Kirche müssen hiervon ausgehen und darauf hinwirken.

Wenn in solchen Zusammenhängen von der Stärkung des evangelischen Profils die Rede ist, dann geht es zentral darum, sich der eigenen Wurzeln neu bewusst zu werden und den spezifischen Glaubensschatz der evangelischen Kirchen aufs Neue zu heben. Es geht in diesem Sinn, wie Kardinal Walter Kasper zu Recht hervorgehoben hat, um die Frage nach der eigenen Identität. Die reformatorische Orientierung an Gottes lebendigem Wort, die evangelische Treue zum Reichtum der biblischen Botschaft, die Konzentration auf eine gute Predigt in einem liturgisch bewusst und qualitätvoll gestalteten Gottesdienst, die Hochschätzung der Bildung und des persönlich angeeigneten Glaubens, die Betonung von kultureller Kraft und gesellschaftlicher Verantwortung, die möglichst breite Ausrichtung auf eine große Beteiligung von Frauen und Männern, von Jungen und Alten, Armen und Reichen – all das sind zugleich Konsequenzen reformatorischer Einsichten und Erkennungszeichen evangelischer Kirchen.

Die Erinnerung an dieses besondere reformatorische Profil der evangelischen Kirche ist die wichtigste Begründung für den mit ihrem Selbstverständnis unmittelbar verknüpften ökumenischen Geist. Gerade weil sie weiß, dass sie die Fülle der christlichen Wahrheit und den Kosmos der christlichen Einsichten nicht allein vertreten kann, ist sie von Haus aus ökumenisch ausgerichtet. Die besonderen reformatorischen Entdeckungen weiten den evangelischen Blick für die Wahrheit, die sich in anderen christlichen Konfessionen und Kirchen findet. Deswegen meint die Rede von einer „Ökumene der Profile" nicht nur die Stärkung der eigenen Identität. Sie richtet sich vielmehr zugleich auf die Stärkung der christlichen Gemeinschaft. Gemeinsam sollte uns die ökumenische Hoffnung bestimmen, dass alle christlichen Kirchen sich berufen wissen, die Wahrheit des christlichen Geheimnisses zu bezeugen, das größer ist als die immer nur unvollkommene und fragmentarische Wahrheitserkenntnis jeder einzelnen Kirche, und den Frieden zu bezeugen, der höher ist als alles, was eine einzelne Kirche vermag, und zu dem wir doch unermüdlich beitragen wollen, auf dass die Welt glaube.

Kirche für andere

Eine Kirche, die im Gottesdienst ihres Grundes gewiss wird, ist in einem präzisen Sinn eine Kirche für andere. Dietrich Bonhoeffers Ortsbestimmung der Kirche Jesu Christi als einer „Kirche für andere" ist für evangelisches Kirchenverständnis von unaufgebbarer Bedeutung. „Christus befreit – darum Kirche für andere" – diese 1972 von Heino Falcke für den Weg der evangelischen Kirche in der DDR geprägte Formel behält auch unter den Bedingungen des 21. Jahrhunderts ihre Gültigkeit. Die Freiheit eines Christenmenschen kommt erst dann zu sich selbst, wenn sie in der Verantwortung für andere konkret wird. Dass der Christenmensch ein freier Herr aller

Dinge ist, bewährt sich gerade darin, dass er aus freien Stücken allen ein Diener sein kann.

Wenn der christliche Glaube auch darin der Freiheit die Treue hält, dass er aufmerksam ist für die Bedingungen, unter denen diese Freiheit erfahren werden kann, und wachsam ist gegenüber Umständen, die dieser Freiheit den Entfaltungsraum verweigern, dann gilt dies keineswegs nur für die jeweils eigene Freiheit, sondern gerade auch für die Freiheit des andern. Dass die Freiheit eines Christenmenschen den vor Gott stehenden und durch ihn aufgerichteten Menschen meint, relativiert doch die gesellschaftliche, politische und kirchliche Verantwortung der Christen nicht, sondern präzisiert sie.

Ich halte es deshalb nicht für zutreffend, wenn die These, die Kernkompetenz der Kirche liege in ihrem gottesdienstlichen Handeln und geistlichen Leben, so verstanden wird, als werde diese Kernkompetenz damit „unpolitisch" ausgelegt. Vielmehr ergibt sich doch die Verantwortung für Gerechtigkeit und Frieden, für die Würde des Menschen und die Bewahrung der Natur aus dem gottesdienstlichen Handeln und geistlichen Leben der Kirche selbst: aus dem Lob Gottes, der es gut mit seiner Welt meint und ihren Frieden will; aus der Perspektive Jesu, der auf die Seite der Leidenden tritt; aus der Hoffnung auf das Reich Gottes, in dem Friede und Gerechtigkeit sich küssen. Das Eintreten für eine Reform der Kirche von innen heraus und das Eintreten für gerechte Teilhabe in der Gesellschaft wie in der einen Welt gehören unmittelbar zusammen. Eine „selbstgenügsame Kirche" wäre ein Widerspruch in sich selbst.

Auch für das Evangelischsein im 21. Jahrhundert gilt, dass das Evangelium in Wort und Tat, in Verkündigung und Diakonie bezeugt wird. Die evangelische Kirche sieht in der Solidarität mit dem hilfsbedürftigen Nächsten eine zentrale Lebensäußerung der Kirche. Sie macht sich die Klage über Unfrieden und Ungerechtigkeit zu Eigen und sucht nach Wegen dazu, wie die vorrangige Option für die Armen und die vorrangige Option für gewaltfreies Handeln Gestalt gewinnen können. Deshalb bleibt es ihr wichtig, dass das Christentum nicht nur eine kirchliche und eine persönliche, sondern auch eine öffentliche Gestalt annimmt. Wenn vom „öffentlichen Christentum" die Rede ist, dann ist dabei nicht nur das Verhältnis von Kirche und Staat im Blick; gemeint ist damit vielmehr vor allem die Bedeutung von Glauben und Kirche für die Zivilgesellschaft. Der christliche Glaube, das Zeugnis der Freiheit, lässt sich nicht in die Mauern der Kirche einsperren. Dass sie in ihrer kritischen und orientierenden Bedeutung für die Gesellschaft zur Geltung kommen, ist für Zeugnis und Dienst der Kirche unentbehrlich. Die evangelische Stimme muss im kritischen Diskurs unserer Gesellschaft gehört werden.

Die evangelische Kirche will auch im 21. Jahrhundert eine gesellschaftlich engagierte und wache Kirche sein. Es bleibt ihre Aufgabe, die Freiheit zu stärken und Abhängigkeiten anzuklagen. Sie erhofft die nötige Kraft dafür, für die unantastbare Würde eines jeden Menschen einzutreten und die Gerechtigkeit zu fördern, die allen Menschen faire Beteiligungschancen eröffnet. Sie bittet Gott darum, dass er sie vor Trägheit bewahrt und ihr dabei hilft, ihre gesellschaftliche Verantwortung auch künftig nachdrücklich und überzeugt wahrzunehmen.

„Kirche für andere": diese Grundformel evangelischen Kirchenverständnisses ist mit dem gleichen Nachdruck auf die missionarische Situation anzuwenden. Der Auftrag, „die Botschaft von Gottes Gnade auszurichten an alles Volk", von dem die sechste These der Barmer Theologischen Erklärung spricht, verlangt heute eine neue Orientierung hin zu den Menschen, denen diese Botschaft fremd und unbekannt ist. Sie erwarten ein klares Zeugnis des christlichen Glaubens in Wort und Tat. Für sie kann der christliche Glaube dann überzeugende Kraft gewinnen, wenn sie im Alltag ihres Lebens Menschen begegnen, die aus Glauben leben. Für sie ist es entscheidend, dass Christen darüber Auskunft geben können, was ihnen an ihrem Glauben wichtig ist. Außenorientierung des kirchlichen Handelns und Auskunftsfähigkeit der Christen im Alltag sind die beiden wichtigsten Grundelemente der missionarischen Ausrichtung, die heute an der Zeit ist. Auch in dieser Hinsicht gilt: Eine „selbstgenügsame Kirche" wäre ein Widerspruch in sich selbst.

Sorglose Kirche

Eine Kirche der Freiheit ist im Blick auf ihre eigene Zukunft in einem präzisen Sinn eine sorglose Kirche; sie macht sich nicht Sorgen um sich selbst. Denn eine Kirche, die sich in Gottes Wort gegründet und von der Barmherzigkeit Gottes gehalten weiß, muss sich nicht um ihre Existenz und ihre Zukunft sorgen.

Die Freiheit des Glaubens bestimmt auch den Umgang mit der Sorge um die Kirche. Für sie gilt heute ebenso wie für alle anderen Generationen vor uns und nach uns die Feststellung Martin Luthers: „Wir sind es doch nicht, die da die Kirche erhalten könnten, unsere Vorfahren sind es auch nicht gewesen, unsere Nachkommen werden's auch nicht sein, sondern der ist's gewesen, ist's noch und wird's sein, der da spricht: ‚Siehe, ich bin bei euch bis an der Welt Ende.'"

Die Kirche Jesu Christi, die im Glaubensbekenntnis von allen Christen bezeugte und bekannte „eine, heilige, allgemeine und apostolische Kirche", diese von Gottes heiligem Geist erhaltene und durch die Zeiten geführte Gemeinschaft der Glaubenden hängt nicht davon ab, ob die Gläubigen eine große oder kleine, eine glanzvolle oder klägliche, ein mutige oder ängstliche, eine einladende oder verschlossene evangelische Kirche gestalten oder nicht. Aber gerade weil dies so ist, weil Christen den Rücken frei haben und entlastet sind von falschen Sorgen, können und sollen sie mit allem theologischen Verstand, mit ihren intellektuellen Kräften, mit ihrem nüchternen Weltwissen und einem emphatischen Hoffen dem Auftrag Jesu folgen und ihn nach bestem Wissen und Gewissen erfüllen. Befreit von der Sorge um uns selbst können wir auch heute und morgen einstimmen in den großen Gesang der Freiheit und rufen: „Unsere Seele ist entronnen wie ein Vogel dem Netze des Vogelfängers; das Netz ist zerrissen, und wir sind frei". In unserem Zusammenhang ist es nicht allein die Sorge um uns selbst, aus deren Netz wir befreit werden. Frei sollen wir auch werden von der Sorge um die Zukunft unserer Kirche, von jenem Sorgengeist, der mehr auf unsere schwachen Kräfte setzt als auf den Geist Gottes, von dem wir bekennen: „Der Herr ist der Geist; wo aber der Geist des Herrn ist, da ist Freiheit" (2. Korinther 3, 17).

Dass wir den Sorgengeist hinter uns lassen und uns dem Geist der Freiheit anvertrauen, ist das Wichtigste, was auf dem Weg der Erneuerung der Kirche überhaupt geschehen kann. Dazu kann auch Martin Luther ermutigen, der am 27. Juni 1530 an Melanchthon schrieb: „Deine elenden Sorgen, von denen Du, wie Du schreibst, verzehrt wirst, hasse ich von Herzen. Dass sie in deinem Herzen regieren, ist nicht der großen Sache, sondern unseres großen Unglaubens Schuld. ... Was marterst Du Dich selbst so ohne Unterlass? ... Ich bete wahrlich mit Fleiß für Dich, und es tut mir weh, dass Du unverbesserlicher Sorgen-Blutegel meine Gebete so vergeblich machst. Ich bin wenigstens, was die Sache angeht – ob es Dummheit ist oder der Geist, mag Christus sehen – nicht sonderlich beunruhigt, vielmehr besserer Hoffnung, als ich zu sein gehofft hatte."

In dieser Freiheit von der Sorge soll, wie der Theologe Wolf Krötke formuliert hat, „der Zukunft das Wort" gegeben werden. Für die Reform der Kirche reicht es also nicht, sich dem Diktat zurückgehender Zahlen zu unterwerfen und, ihm Rechnung tragend, „der Vergangenheit durch Konzentration der Kräfte noch etwas abzutrotzen". Es reicht ebenso wenig, in kühler Rechenhaftigkeit die Kräfte abzuschätzen, die wir selbst in die Gestaltung der Zukunft einbringen können.

Gewiss. Die Zukunft kommt im Ablauf der Zeiten. Diese Zukunft erwarten wir, so gut wir das auf der Grundlage bisheriger Erfahrungen können, und stellen uns planend auf sie ein. Doch für den Glauben ist die Zukunft mehr als das, was wir voraussagen können; sie ist der Raum des Unerwartbaren und Überraschenden. Gewiss kann sie auch an Schrecken mehr in sich bergen, als wir zu antizipieren vermögen. Aber ihre Überraschungen können auch in ihrer Güte über das hinausgehen, was wir für möglich hielten, und uns alle miteinander des Kleinglaubens überführen. Wer nur auf den möglichen Schrecken schaut, begegnet dieser Zukunft mit Furcht. Der christliche Glaube begegnet ihr mit der Hoffnung, dass „das Morgen sich zu unseren Gunsten ereignet" (Wolf Krötke).

Wir sind gut beraten, wenn wir unser Nachdenken über die Zukunft von dem bestimmen lassen, was wir hoffen. Denn die Hoffnung ist ebenso ein Wesensmerkmal des

Glaubens wie die Liebe. Ebenso wie vom Glauben zu sagen ist, dass er durch die Liebe tätig ist, so ist von ihm auch zu sagen, dass er an der Hoffnung nicht irre wird. Die Kirche ist eine Gemeinschaft leidenschaftlicher Hoffnung; im Auf und Ab der Geschichte hält sie Kurs auf das Reich Gottes, in dem Gottes Zukunft sich zu unser aller Gunsten ereignet.

Mit leidenschaftlicher Hoffnung auf Gottes Wirken richten wir den Blick auf den Weg unserer Kirche und auf ihr Tun. Es geht darum, gemeinsam einen Weg in die Zukunft zu finden und die Kirche so zu verändern, dass sie ihrem Auftrag besser gerecht wird. Dafür brauchen wir gute Ideen, einfallsreiche Anregungen, weiterführende Hinweise, ermutigende Ziele, gemeinsame Verabredungen, realistische Umsetzungen. Wenn wir dabei unseren Verstand nach Kräften anstrengen, tun wir es in der Hoffnung, der Heilige Geist möge sich, wie Karl Barth einmal sagte, als ein „Freund des gesunden Menschenverstandes" erweisen; und wir tun es mit der Bitte Martin Luthers an den Heiligen Geist: „Zünd uns ein Licht an im Verstand".

Wir wissen: Dieser Geist wirkt, wo und wann er will. Wir wollen ihn nicht auf das begrenzen, was uns selbst in den Sinn kommt. Wir wollen ihm zutrauen, dass er die Christenheit immer wieder beflügelt. Wir können ihn nicht herbeizwingen, wir können und wollen ihn aber erbitten: *Veni Creator Spiritus* – „Komm, Gott Schöpfer, Heiliger Geist".

Ökumenische Ermutigung

In das gemeinsame Zeugnis der christlichen Kirchen bringt die evangelische Kirche die Botschaft von der „Freiheit eines Christenmenschen" ein. Sie sucht dadurch, zu einem Verständnis menschlicher Freiheit beizutragen, in der diese Freiheit aus Glauben verstanden und deshalb in den Dienst des Nächsten gestellt wird. Freiheit und Verantwortung gehören in diesem Verständnis unlöslich zusammen. Verwurzelt ist dieses Verständnis in der biblischen Zusage derjenigen Freiheit, zu der uns Christus befreit hat. Das ist der besondere Akzent, den die evangelische Kirche in das gemeinsame Zeugnis der Christenheit einbringen möchte; so trägt sie bei zu einer Ökumene der Profile.

Das Stichwort von der „Ökumene der Profile" habe ich zum ersten Mal bei der ökumenischen Begegnung mit Papst Benedikt XVI. aus Anlass des Weltjugendtags in Köln am 19. August 2005 verwendet. Diese Ansprache ist in der Einleitung zitiert. Ich habe das Stichwort in einem großen ökumenischen Gottesdienst wieder aufgegriffen, den wir gemeinsam mit dem neuen Prior der Gemeinschaft von Taizé, Bruder Alois Löser, im Berliner Dom in einer „Nacht der Lichter" feierten. Mit der Ansprache, die ich bei diesem Zusammensein hielt, möchte ich abschließend zur Zukunft des ökumenischen Projekts ermutigen.

„Jesus sagte: Euch, die ihr mir zuhört, sage ich: Liebt eure Feinde; tut denen Gutes, die euch hassen. Segnet die, die euch verfluchen; betet für die, die euch misshandeln. Dem, der dich auf die eine

Wange schlägt, halt auch die andere hin, und dem, der dir den Man-
tel wegnimmt, lass auch das Hemd. Gib jedem, der dich bittet; und
wenn dir jemand etwas wegnimmt, verlang es nicht zurück. Was ihr
von anderen erwartet, das tut ebenso auch ihnen" (Lukas 6, 27–31).

Was ihr von anderen erwartet, das tut ihnen auch, sagt Jesus. Zu
unserem christlichen Glauben gehört es, der Erwartung an den
anderen durch das eigene Tun zuvorzukommen. Diese zuvor-
kommende Liebe macht die Anmut unseres Glaubens aus. Wir
können den ersten Schritt auf den andern zugehen; denn Gott
hat den ersten Schritt schon längst getan – in Jesus Christus,
von dem wir bekennen: Jesus Christus gestern und heute und der-
selbe auch in Ewigkeit.

Es gibt einige Orte, an denen mir diese Schönheit unseres
Glaubens besonders eindringlich entgegengetreten ist. Südafrika
gehört dazu, wo ich Erzbischof Desmond Tutu, Wolfram Kistner
und andere während der Zeit des Kampfes gegen die Apartheid
beobachten konnte. Auch das Mitleiden mit den Unterdrückten
ließ keinen Hass in ihnen aufsteigen. Sie kamen den Unterdrü-
ckern mit einem Verhalten entgegen, das schon vorwegnahm,
was man auch von ihnen erwartete: dass jedem Menschen, jedem
Kind Gottes die Würde auch zuerkannt wird, die Gott ihm ge-
schenkt hat.

Taizé ist auch ein solcher Ort. In besonders leuchtender und
einleuchtender Weise ist mir diese zuvorkommende Liebe nach
dem erschütternden Angriff auf das Leben von Roger Schutz ent-
gegengetreten. Dass die Liebe, zu der Gott in Christus uns befähigt,
auch die Attentäterin einschloss, war ein tiefes geistliches Erlebnis,
das ich aus der Begegnung mit Taizé und mit dem neuen Prior
Bruder Alois Löser damals in den Tagen der Trauer mitgenommen
habe. Dieses Erlebnis wird mir unvergesslich bleiben. Es wird mein
Verhältnis zur Gemeinschaft von Taizé immer mitbestimmen.

Dietrich Bonhoeffer gehört für mich zu den Menschen, an denen mir der Geist der Bergpredigt immer wieder entgegengetreten ist – er, der für die Gewaltlosigkeit eintrat, den Blick von unten einschärfte und uns dazu ermutigt, von unserer Freiheit einen verantwortlichen Gebrauch zu machen. Im Jahr 2006 haben wir an den 100. Geburtstag dieses christlichen Märtyrers gedacht. Was ihr von anderen erwartet, das tut ihnen ebenso.

Wie wäre es, wenn auch das ökumenische Verhältnis unserer Kirchen zueinander von diesem Geist der zuvorkommenden Liebe bestimmt wäre? Dann würde weder der Geist der Vereinnahmung noch der Geist der Abgrenzung bestimmend sein. Dann würden der Geist der Liebe und der Geist der Freiheit auch in der Gemeinschaft von Christen unterschiedlicher Konfession die Schritte lenken. Wir würden die Konfessionskirchen, in denen wir zu Hause sind, gern als Heimat annehmen, aber auch die Heimat der anderen achten. Wir würden das Profil der eigenen Kirche schätzen, uns auf unserem Glaubensweg aber auch von den Glaubenserfahrungen anderer ermutigen lassen. Wir würden uns fragen, was wir selbst zu einem besseren ökumenischen Miteinander beitragen können – und nicht nur, was wir von anderen fordern. Was wäre, so will ich fragen, der nächste Schritt auf dem Weg zu einer eucharistischen Gemeinschaft zwischen unseren Kirchen, wenn wir unser ökumenisches Miteinander unter dieses Gebot Jesu stellen würden: Was ihr von anderen erwartet, das tut ebenso auch ihnen.

Es gibt immer wieder auch ökumenische Kränkungen, gewiss. Aber warum sollte man die Weisungen Jesu nicht beherzt auf sie anwenden: Wenn man einen schmerzlichen Schlag auf die eine Backe bekommt, wird man beherzt auch von den eigenen Schmerzen reden und erklären, warum man sie auf sich nimmt. Wenn jemand einen auf die eigene Blöße hinweist, wird man diese Blöße nicht wegreden, sondern vor Gott und den Menschen einräumen. Denn unsere Kirchen sind alle nur irdische Gefäße; wir sehen immer nur wie durch einen Spiegel. Wenn uns der Weg der Ökumene auch lang wird, werden wir doch Gott unbeirrt um die Kraft bitten, ihn weiter zu gehen – vielleicht sogar weiter und ausdauernder, als manche erwarten.

Der Ruf Jesu gilt uns in all unserer Verschiedenheit gemeinsam. Zuvorkommende Liebe macht die Verschiedenheit zwischen uns nicht nur erträglich, sondern wendet sie zum Reichtum. Wir brauchen einander, als einzelne, aber auch als Kirchen. Allein ist jeder von uns nur ein Bruchstück. Ganz können wir nur zusammen mit anderen werden. Das gilt auch für die Kirchen. Unsere Kirchen brauchen einander, um in ihrer Bruchstückhaftigkeit als Kirchen ganz zu werden.

Wir alle, die das ökumenische Zeugnis von Taizé ermutigt und inspiriert hat, werden das Licht der zuvorkommenden Liebe weiter tragen, auch in unserem ökumenischen Handeln. Die Lieder aus Taizé werden nicht verstummen. Eine Kerze des Gebets wird immer brennen. Die Sehnsucht nach der Einheit der Kirchen lebt ungebrochen fort. Auch das Leben von Frère Roger, dem evangelischen Pastor und ökumenischen Prior, lässt sich von niemandem vereinnahmen. Es gehört Gott allein. Gott wollen wir auch unsere zuvorkommende Liebe widmen. Was ihr von anderen erwartet, das tut ebenso auch ihnen.

Dank

In diesem Buch spiegeln sich die ökumenischen Erfahrungen vieler Jahre wider. Wer in Straßburg geboren und in Südbaden aufgewachsen ist, kennt die Realität ökumenischer Nähe seit frühester Kindheit. Wer im Osten Deutschlands lebt, weiß, dass die Erfahrung ökumenischen Zusammenstehens ein unverlierbarer und unaufgebbarer Schatz ist.

Mein Bild christlicher Gemeinden ist maßgeblich geprägt durch die Zeit, in der unsere Familie in der ökumenischen Gemeinde im Wiesenbacher Tal in Neckargemünd zu Hause war. Dass für alle möglich wird, was damals für eine gewisse Zeit an einem Ort möglich war, bleibt mein Wunsch.

Die weltweite Ökumene trat in meinen Blick, seit ich in den frühen siebziger Jahren das Glück hatte, in der Kommission des Ökumenischen Rats der Kirchen für Kirche und Gesellschaft mitzuarbeiten. Seitdem ist die weltweite Christenheit für mich ein unaufgebbarer Horizont ökumenischer Verantwortung.

Geschwisterliche Gemeinschaft mit katholischen Mitchristen habe ich ganz besonders bei der Vorbereitung des Ökumenischen Kirchentags in Berlin im Jahr 2003 erlebt; ich zähle diese Erfahrung zu den Höhepunkten der letzten Jahre. Geschwisterliche Gemeinschaft habe ich auch im Kontaktgesprächskreis zwischen der katholischen Deutschen Bischofskonferenz und dem Rat der Evangelischen Kirche in Deutschland erlebt. Mein besonderer Dank gilt Altbischof Paul-Werner Scheele, mit dem zusammen ich sechs Jahre lang den Vorsitz dieses Kreises in großer Eintracht wahrnahm.

Mein herzlicher Dank gilt ebenso Karl Kardinal Lehmann, dem Vorsitzenden der Deutschen Bischofskonferenz, für das vertrauensvolle und brüderliche Zusammenwirken.

Möglich geworden ist dieses Buch durch die produktive Zusammenarbeit mit vielen Mitarbeiterinnen und Mitarbeitern im Kirchenamt der Evangelischen Kirche in Deutschland. Ihnen allen danke ich herzlich.

Dank sage ich schließlich dem Verlag Herder, namentlich dem Verleger Manuel Herder, für erfreuliche Gastfreundschaft und Kooperation.

Literaturhinweise

Apel, Karl-Otto, Transformation der Philosophie II. Das Apriori der Kommunikationsgemeinschaft, Frankfurt am Main 1973.

Apostolische Reise Seiner Heiligkeit Papst Benedikt XVI. nach München, Altötting und Regensburg 9. bis 14. September 2006. Predigten, Ansprachen und Grußworte (Verlautbarungen des Apostolischen Stuhls, 174), Bonn 2006.

Assmann, Jan, Die Mosaische Unterscheidung oder der Preis des Monotheismus, München / Wien 2003.

Barth, Hermann, Einheit in der Vielfalt und Vielfalt in der Einheit. Über das unterschiedliche Verständnis einer gemeinsamen Formel, in: Zeitschrift für Theologie und Kirche, 103 (2006), 443–460.

Barth, Karl, Die Kirche und die Kirchen (Theologische Existenz, 27), Zürich 1935.

Bedrohung der Religionsfreiheit. Erfahrungen von Christen in verschiedenen Ländern. Eine Arbeitshilfe (EKD-Texte, 78), Hannover 2003.

Benedikt XVI., Gott ist die Liebe. Die Enzyklika „Deus caritas est", ökumenisch kommentiert von Wolfgang Huber, Augoustinos Lamberdakis, Karl Kardinal Lehmann, Freiburg i.Br. 2006.

Benedikt XVI., Glaube und Vernunft. Die Regensburger Vorlesung, kommentiert von Gesine Schwan, Adel Theodor Khoury, Karl Kardinal Lehmann, Freiburg i.Br. 2006.

Berger, Peter L., Sehnsucht nach Sinn. Glauben in einer Zeit der Leichtgläubigkeit, Gütersloh 1999.

Blumenberg, Hans, Die Legitimität der Neuzeit. Erneuerte Ausgabe Frankfurt am Main 1996.

Bonhoeffer, Dietrich, Auswahl, Bd. 2: Gegenwart und Zukunft der Kirche 1933–1935, Gütersloh 2006.

Burgsmüller, Alfred / Weth, Rudolf (Hg.), Die Barmer Theologische Erklärung, Neukirchen-Vluyn 1983.

Charta Oecumenica. Leitlinien für die wachsende Zusammenarbeit unter den Kirchen in Europa, Genf 2001.

Dalferth, Ingolf U. / Oppenheim, Paul (Hg.), Einheit bezeugen. Zehn Jahre nach der Meissener Erklärung, Frankfurt am Main 2003.

Das Schicksal der Ungleichheit. Weltsozialbericht 2005 der Vereinten Nationen, New York 2005.

Das Zweite Vatikanische Konzil, I–III (Lexikon für Theologie und Kirche, 2. Aufl., Bd. 12–14), Freiburg i.Br. 1966–1968.

Demokratie braucht Tugenden. Gemeinsames Wort des Rates der Evangelischen Kirche in Deutschland und der Deutschen Bischofskonferenz zur Zukunft unseres demokratischen Gemeinwesens (Gemeinsame Texte, 19), Hannover / Bonn 2006.

Dokumente wachsender Übereinstimmung, Bd. I–III, Paderborn 1983, 1992, 2003.

Evangelische Kirche und freiheitliche Demokratie. Der Staat des Grundgesetzes als Angebot und Aufgabe. Eine Denkschrift der Evangelischen Kirche in Deutschland, Gütersloh 1985.

Frieling, Reinhard, Im Glauben eins – in Kirchen getrennt? Visionen einer realistischen Ökumene (Bensheimer Hefte, 106), Göttingen 2006.

Forst, Rainer, Toleranz im Konflikt. Geschichte, Gehalt und Gegenwart eines umstrittenen Begriffs, Frankfurt am Main 2003.

Für eine Zukunft in Solidarität und Gerechtigkeit. Wort des Rates der Evangelischen Kirche in Deutschland und der Deutschen Bischofskonferenz zur wirtschaftlichen und sozialen Lage in Deutschland (Gemeinsame Texte, 9), Hannover / Bonn 1997.

Gerechte Teilhabe. Befähigung zu Eigenverantwortung und Solidarität. Eine Denkschrift des Rates der Evangelischen Kirche in Deutschland zur Armut in Deutschland, Gütersloh 2006.

Gestrich, Christof, Christentum und Stellvertretung. Religionsphilosophische Untersuchungen zum Heilsverständnis und zur Grundlegung der Theologie, Tübingen 2001.

Gott ist ein Freund des Lebens. Herausforderungen und Aufgaben beim Schutz des Lebens. Gemeinsame Erklärung des Rates der Evangelischen Kirche in Deutschland und der Deutschen Bischofskonferenz, Gütersloh 1989.

Habermas, Jürgen, Technik und Wissenschaft als ‚Ideologie‘, Frankfurt am Main 1968.

Habermas, Jürgen, Zwischen Naturalismus und Religion. Philosophische Aufsätze, Frankfurt am Main 2005.

Habermas, Jürgen / Ratzinger, Joseph, Dialektik der Säkularisierung. Über Vernunft und Religion, Freiburg i.Br. 2005.

Honecker, Martin, Ökumene im 21. Jahrhundert, Paderborn 2007.

Ihr sollt ein Segen sein. Ökumenischer Kirchentag Berlin. Dokumentation, Gütersloh / Kevelaer 2004.

Joas, Hans, Braucht der Mensch Religion. Über Erfahrungen der Selbsttranszendenz, Freiburg i.Br. 2004.

Joas, Hans / Wiegandt, Klaus (Hg.), Die kulturellen Werte Europas, Frankfurt am Main 2005.

Johannes Paul II., Enzyklika „Ut unum sint" über den Einsatz für die Ökumene (Verlautbarungen des Apostolischen Stuhls, 121), Bonn 1995.

Johannes Paul II., Enzyklika „Fides et ratio" über das Verhältnis von Glaube und Vernunft (Verlautbarungen des Apostlischen Stuhls, 135), Bonn 1998.

Johannes Paul II., Enzyklika „Ecclesia de eucharistia" über die Eucharistie in ihrem Verhältnis zur Kirche (Verlautbarungen des Apostolischen Stuhls, 159), Bonn 2003.

Jüngel, Eberhard, Wertlose Wahrheit. Zur Identität und Relevanz des christlichen Glaubens. Theologische Erörterungen III, München 1990.

Jüngel, Eberhard, Das Evangelium von der Rechtfertigung des Gottlosen als Zentrum des christlichen Glaubens. Eine theologische Studie in ökumenischer Absicht, Tübingen 1998.

Kant, Immanuel, Kritik der reinen Vernunft (Kant-Studienausgabe, II), Wiesbaden 1956.

Kasper, Walter Kardinal, Sakrament der Einheit. Eucharistie und Kirche, Freiburg i.Br. 2004.

Kasper, Walter Kardinal, Wege der Einheit. Perspektiven für die Ökumene, Freiburg i.Br. 2005.

Kasper, Walter Kardinal, Ökumene im Wandel, in: Stimmen der Zeit 225 (2007), 3–18.

Kasper, Walter Kardinal, Wegweiser Ökumene und Spiritualität, Freiburg i.Br. 2007.

Kirche der Freiheit. Perspektiven für die evangelische Kirche im 21. Jahrhundert. Ein Impulspapier des Rates der Evangelischen Kirche in Deutschland, Hannover 2006.

Kirchengemeinschaft nach evangelischem Verständnis. Ein Votum zum geordneten Miteinander bekenntnisverschiedener Kirchen. Ein Beitrag des Rates der Evangelischen Kirche in Deutschland (EKD-Texte, 69), Hannover 2001.

Klarheit und gute Nachbarschaft. Christen und Muslime in Deutschland. Eine Handreichung des Rates der Evangelischen Kirche in Deutschland (EKD-Texte, 86), Hannover 2006.

Kock, Manfred, Wider die ökumenische Eiszeit. Die Vision von der Einheit der Kirche, Neukirchen-Vluyn 2006.

Kongregation für die Glaubenslehre (Hg.), Erklärung „Dominus Iesus". Über die Einzigkeit und die Heilsuniversalität Jesu Christi und der Kirche (Verlautbarungen des Apostolischen Stuhls, 148), Bonn 2000.

Konkordie reformatorischer Kirchen in Europa (Leuenberger Konkordie). Dreisprachige Ausgabe mit einer Einleitung von Friedrich-Otto Scharbau, Frankfurt am Main 1993.

Körtner, Ulrich H.J., Wohin steuert die Ökumene? Vom Konsens- zum Differenzmodell, Göttingen 2005.

Küng, Hans, Projekt Weltethos, München 1990.

Küng, Hans / Kuschel, Karl-Josef (Hg.), Weltfrieden durch Religionsfrieden. Antworten aus den Weltreligionen, München 1993.

Lehmann, Karl, Glauben bezeugen, Gesellschaft gestalten. Reflexionen und Positionen, Freiburg i.Br. 1993.

Lehmann, Karl Kardinal, Zuversicht aus dem Glauben. Die Grundsatzreferate des Vorsitzenden der Deutschen Bischofskonferenz, Freiburg i.Br. 2006.

Lessing, Gotthold Ephraim, Nathan der Weise. Ein dramatisches Gedicht, in fünf Aufzügen (Sämtliche Schriften, III), Stuttgart 1887 (Nachdruck 1968).

Lies, Lothar, Grundkurs Ökumenische Theologie. Von der Spaltung zur Versöhnung. Modelle kirchlicher Einheit, Innsbruck / Wien 2005.

François Lyotard, Das postmoderne Wissen, 5. Aufl. Wien 2006.

Mitteilungen aus Ökumene und Auslandsarbeit mit Reader für die Synode der EKD in Braunschweig, November 2000, zum Schwerpunktthema „Ökumene", Breklum 2000.

Neuner, Peter, Ökumenische Theologie. Die Suche nach der Einheit der christlichen Kirchen, Darmstadt 1997.

Päpstlicher Rat zur Förderung der Einheit der Christen (Hg.), Direktorium zur Ausführung der Prinzipien und Normen über den Ökumenismus (Verlautbarungen des Apostolischen Stuhles, 110), Bonn 1993.

Predigten, Ansprachen und Grußworte im Rahmen der Apostolischen Reise von Papst Benedikt XVI. nach Köln anlässlich des XX. Weltjugendtages (Verlautbarungen des Apostolischen Stuhles, 169), Bonn 2005.

Rau, Johannes, Religionsfreiheit heute – zum Verhältnis von Staat und Religion in Deutschland. Rede zum 275. Geburtstag von Gotthold Ephraim Lessing in der Herzog-August-Bibliothek zu Wolfenbüttel am 22. Januar 2004, Berlin 2004.

Räume der Begegnung. Religion und Kultur in evangelischer Perspektive. Eine Denkschrift der Evangelischen Kirche in Deutschland und der Vereinigung Evangelischer Freikirchen, Gütersloh 2002.

Reiner, Michael J. (Hg.), „Dominus Iesus". Anstößige Wahrheit oder anstößige Kirche? Dokumente, Hintergründe, Standpunkte und Folgerungen, Münster 2001.

Rémond, René, Religion und Gesellschaft in Europa. Von 1798 bis zur Gegenwart, München 2000.

Rohrbasser, Anton (Hg.), Heilslehre der Kirche. Dokumente von Pius IX. bis Pius XII., Freiburg/Schweiz 1953.

Sattler, Dorothea / Wenz, Gunther (Hg.), Sakramente ökumenisch feiern. Vorüberlegungen für die Erfüllung einer Hoffnung, Mainz 2005.

Schleiermacher, Friedrich Daniel Ernst, Über die Religion. Reden an die Gebildeten unter ihren Verächtern (1799), Berlin / New York 1999.

Schleiermacher, Friedrich Daniel Ernst, Sendschreiben über seine Glaubenslehre an Lücke, Gießen 1908.

Schneider, Theodor / Wenz, Gunther (Hg.), Gerecht und Sünder zugleich. Ökumenische Klärungen, Freiburg / Göttingen 2001.

Schneider, Theodor / Wenz, Gunther (Hg.), Das kirchliche Amt in apostolischer Nachfolge, Freiburg / Göttingen 2004.

Schütte, Heinz, Was ist evangelisch? Fragen zur Kirche und Abendmahlsgemeinschaft, Paderborn 2006.

Seebaß, Gottfried, Die Reformation als ökumenisches Ereignis, In: Evangelische Theologie, 59 (1999), 4–12.

Söding, Thomas, Recht verstandene Profilierung. Ein Zwischenruf zur gegenwärtigen ökumenischen Diskussion, in: Herder-Korrespondenz, 60 (2006), 11–16.

Spiegel spezial, Weltmacht Religion. Wie der Glaube Politik und Gesellschaft beeinflusst, Hamburg 2006.

Steffensky, Fulbert, Das Haus, das die Träume verwaltet, Würzburg 1998.

Stock, Konrad, Grundlegung der protestantischen Tugendlehre, Gütersloh 1995.

Stock, Konrad, Die Theorie der christlichen Gewissheit, Tübingen 2005.

Weiler, Joseph H.H., Ein christliches Europa. Erkundungsgänge, Salzburg / München 2004.

Weimer, Wolfram, Credo. Warum die Rückkehr der Religion gut ist, Stuttgart 2006.

Weinrich, Michael (Hg.), Einheit bekennen. Auf der Suche nach ökumenischer Verbindlichkeit, Wuppertal 2002.

Verantwortung der Religion

Wolfgang Huber
Vertrauen erneuern
Eine Reform um der Menschen willen
Band 5605

Der Ratsvorsitzende der EKD über Unsensibilität von Managern und Politikern und über Verantwortung des Einzelnen.

Eugen Drewermann
Wozu Religion?
Sinnfindung in Zeiten der Gier nach Macht und Geld
Band 5380

„Das Buch ist einfach unglaublich gut. Ich habe vergleichbares noch niemals derart kompakt gelesen, bin hingerissen." (Klaus Merhof, epd)

Franz-Xaver Kaufmann
Wie überlebt das Christentum?
Band 4830

Spiritualität: vielleicht – Christentum: nein danke! – Das ist der Trend. In welcher Gestalt und unter welchen Voraussetzungen hat Christentum Zukunft?

Joseph Ratzinger (Benedikt XVI.)
Wer hilft uns leben?
Von Gott und Mensch
Band 5680

Die Texte zeigen: Immer wieder ringt er mit der Frage „Was hilft uns leben?" Wie können wir Mensch sein? Er zeigt, wo die Antwort zu finden ist – in der Besinnung auf Gott und unsere Situation als Mensch.

Joseph Ratzinger (Benedikt XVI.)
Werte in Zeiten des Umbruchs
Die Herausforderungen der Zukunft bestehen
Band 5592

Der Papst zum Verhältnis zwischen Glauben und Vernunft, zur Zukunft unserer Gesellschaften und zur immer lauter werdenden Frage nach der „Seele" Europas.

HERDER spektrum